ISBN 978-0-428-65634-8
PIBN 11300980

E LA HABANA HA VENIDO UN BARCO...

De la Habana ha venido un barco...

COMEDIA GROTESCA EN TRES ACTOS
EN PROSA Y ORIGINAL

Estrenada en el Teatro Cómico, de Madrid,
el día 14 de diciembre dé 1928.

DIBUJOS DE ALMADA

LA FARSA
AÑO III | 16 DE FEBRERO DE 1929 | NÚM. 74
MADRID

SOCIEDAD DE AUTORES ESPAÑOLES
Núñez de Balboa, 12

1909

13

REPARTO

PERSONAJES	ACTORES
Doña Natalia	Loreto Prado.
Iluminada	Paula Martín.
Angustias	Carmen L. Solís.
Dolores	Luisa Melchor.
Jeremías	Enrique Chicote.
Don Bueno	Julio de Castro.
Meléndez	Julio Costa.
Tolomeo	Francisco Melgares.
Trifón	Benito Cobeña.
Aguado	Carlos G.ª Esteve.
Don Custodio	Rodolfo Recober.
Don Justo	Augusto R. Arias.
Alcázar	José Sampietro.

La acción en el Balneario de Majareta.

Época actual.—Derecha e izquierda, las del actor.

ACTO PRIMERO

ACTO PRIMERO

Decoración.—La escena representa el *hall* del hotel del Balneario de Majareta. Al foro centro, gran ventanal de cuatro hojas, que da al jardín. Las dos hojas centrales estarán abiertas de par en par. Forillo de jardín. En el ángulo derecho, y formando ochava, arranque de un corredor que conduce a la puerta de entrada al hotel. En el ángulo izquierdo, continuación de este corredor, que da paso a las habitaciones de los bañistas. A la derecha, puerta mampara, con un letrero de esmalte en el que se leerá: "Médico Director". En primer término izquierda habrá un *comptoir* lujoso y grande provisto de *bureau*, caja, etc., detrás del cual labora DON BUENO. En el centro de la escena, mesa grande, cuadrada, con periódicos y revistas ilustradas. También habrá sobre ella dos o tres carpetas con recado de escribir. Butacas y sillas de junco o medula. En una de las paredes, y en sitio muy visible, un *afiche* anunciador del balneario, en el que se leerá: "Aguas de Majareta". La acción comienza en una espléndida mañana del mes de agosto.

Al levantarse el telón está en escena DON BUENO, detrás del *comptoir*.

DON BUENO.—(*Hablando por el teléfono privado.*) No; no, señora, no hay ninguna carta para usted... ¿Que si ha venido algún barco de La Habana?... Me parece haber leído en los periódicos de Madrid, que el lunes llegó el *Infanta Isabel*... De nada, amiga Natalia, a su disposición.

(*Por la primera derecha sale* ILUMINADA. *Es la dueña del hotel. Tiene unos cincuenta años; pero viste y se arregla que quiere ser una tobillera. Es hermana de Don Bueno, al que tiene de encargado.*)

ILUMINADA.—¿Has hecho todas las llamadas?

7.

DON BUENO.—*(Saliendo del «bureau».)* Las que estaban en la pizarrra, todas. ¿Hay que hacer alguna más?

ILUMINADA.—Sí; fíjate. *(Leyendo en un pequeño cuaderno.)* A las once y cuarto, al doce; a las once y media, al veintitrés. Al cuarenta y uno y al cuarenta y siete; a la una, al dos; al siete, a la media, y a los tres cuartos, al treinta y uno, al treinta y dos y al treinta y trés. ¿Está entendido? A estos tres cuartos, a los tres cuartos. ¿No se te olvidará, eh?

DON BUENO.—No se me olvidará, porque se me ha olvidado ya.

ILUMINADA.—No sirves para nada.

DON BUENO.—Es que si yo hiciese esas llamadas tal como me las has dicho, en vez de estar aquí de encargado, estaría en el circo de perro calculador.

ILUMINADA.—Está bien. Algunas veces dudó que seas hermano mío.

(Por la izquierda salen ANGUSTIAS *y* DOLORES. *Son dos camareras del hotel.)*

DOLORES.—*(A Angustias, sin darse cuenta de que están en escena Iluminada y don Bueno.)* F ate, los tres reales.

ANGUSTIAS.—¿Pero es posible?

DOLORES.—Como te lo digo: siempre que me manda a algo, vuelta que le traiga en calderilla, ya pué ser la que sea, que no la toma.

ANGUSTIAS.—¡Qué lástima que no me mande a mí!

ILUMINADA.—Eh, ¿de dónde venís?

DOLORES.—Del cuarto de doña Natalia, que me mándó por un sello de antipirina, porque le dolía un poco la cabeza.

DON BUENO.—¿Y qué le contabas a esa?

DOLORES.—Que no ha querido tomar los tres reales de la vuelta.

DON BUENO.—¡Es rumbosa como ella sola!

DOLORES.—Nunca toma la calderilla.

ILUMINADA.—Es que si tiene la fortuna que dice que tiene... ¿Y tú de dónde vienes?

ANGUSTIAS.—Pues de llevarle el desayuno a don Jeremías. Por cierto que me tiene loca, porque, vamos, yo ya estoy acostumbrada a que me pidan el café con tostada, con suizos, con bizcochos; pero con guripios...

ILUMINADA.—¿Y qué es eso de guripios?

ANGUSTIAS.—Eso digo yo, y eso dice el cocinero, y ayer me lo pidió con cotariongos.

ILUMINADA.—Habrá que poner un telegrama a Lhardy preguntándoselo.

DON BUENO.—*(Riendo.)* No te preocupes, Iluminada. Son camelos. ¿Pero no te has dado cuenta en los días que lleva aquí?

8

ILUMINADA.—Me he dado cuenta de que es bastante alegre, amigo de bromas, y hasta, y no trato de ofenderle, algo embustero; pero en eso de los guripios y los cotariongos, no me había fijado mucho.

DOLORES.—Sí que debe ser un bromista, porque anteanoche se encontró el señor Aguado, en su cama, dos grillos, y para mí que quien se los metió fué él.

ILUMINADA.—Pues no me gustan esas bromas, porque hay que ver cómo dormiría ese pobre Aguado con dos grillos.

DON BUENO.—Y que creo que se los puso en los pies.

ANGUSTIAS.—Pues como exagerao no creo yo que se quede atrás, porque a mí todas las mañanas me dice: «Que me preparen el baño a sesenta grados.»

ILUMINADA.—¡Qué barbaridad!

ANGUSTIAS.—Ahora que, lo pide a las nueve, y se baña a las doce.

DON BUENO.—Así ya me lo pueden poner a mí hirviendo.

ILUMINADA.—Bueno, irse a vuestros quehaceres.

ANGUSTIAS.—Con el permiso de la señora. (Mutis foro derecha.)

(Por la primera derecha sale DON CUSTODIO. Es el médico del balneario.)

DON CUSTODIO.—¡Mi simpática doña Iluminada! ¡Mi querido señor Bueno!

ILUMINADA.—¿Qué hay, doctor?

DON CUSTODIO.—Pues a ver si es posible echarle la vista encima a ese don Jeremías, para hacerle el reconocimiento y ponerle el plan que necesite.

DON BUENO.—De él precisamente estábamos hablando. Es un hombre especial.

DON CUSTODIO.—No me extraña: las enfermedades nerviosas tienen manifestaciones rarísimas.

DON BUENO.—El caso es que él, aparte de las chuflas, es de lo más amable... A todo el mundo le da la razón.

DON CUSTODIO.—Monomanía complaciente ; enfermedad perfectamente definida desde que el ilustre psíquiatra ruso, Daleunkoski, la descubrió en su esposa, que decía que sí a todo lo que la proponían.

ILUMINADA.—¿Y qué la dió?

DON CUSTODIO.—Antes de convencerse de que era una enfermedad, le dió una paliza; pero, después, la empezó a tratar por la hidroterapia, con resultados admirables.

DON BUENO.—A mí, lo que me extraña de ese don Jeremías, es que, siendo tan complaciente con todo el mundo, con doña Natalia se muestre todo lo contrario.

ILUMINADA.—Ya lo he notado yo también. Si ella dice que

y

tiene dos; él dice que tiene cuatro; si ella dice que gasta como ocho, él que gasta como diez y seis.

Don Bueno.—Y a propósito de doña Natalia, ¿usted no ha observado en ella nada inquietante?, porque a mí me parece que la neurasténica es ella y no su ahijado. Con decirle a usted que me rogó a noche que no dejase de avisar hoy al notario, porque quería hacer testamento...

Don Custodio.—Yo no veo en eso más que una medida de previsión, muy lógica en una persona que, como doña Natalia, posee tan incalculable fortuna.

Iluminada.—Por lo que dice debe ser suya media Isla de Cuba.

Don Bueno.—En cambio don Jeremías dice que todo es una fantasía y que no tiene ni un coco.

Iluminada.—A propósito, aquí tiene usted a don Jeremías.

Por el foro izquierda sale JEREMÍAS, *de unos cuarenta y cinco años, carácter alegre y burlón y, además, de una amabilidad que encanta.)*

Jeremías.—Qué ¿cuántos desgraciados han llegado hoy?

Iluminada.—Ninguno. Ahora en esta época apenas si viene gente: más tarde se llena; y hágame el favor de no hablar así del Establecimiento.

Jeremías.—Si a mí me parece esto ideal: el clima, la comida, el trato... Ahora que las aguas se las traen.

Don Bueno.—Ya está usted con sus chuflas.

Don Custodio.—Es un psicasténico clarísimo. ¿Viene usted de muy lejos?

Jeremías.—Vengo de donde usted quiera.

Don Custodio.—¿Eh?

Jeremías.—Quiero decir que, como a mí me es indiferente venir de un sitio o de otro, quisiera coincidir con lo que ustedes supongan.

Don Bueno.—Yo he supuesto que viene usted de Madrid.

Jeremías.—Pues de Madrid.

Don Custodio.—¿Y qué doctor le ha recomendado estas aguas de Majareta?

Jeremías.—El doctor... Medina del Campo. *(Aparte.)* Ya he colocao una estación. *(Alto.)* ... que dice que tengo una irisplitercia tricolor.

Don Custodio —*(Asombrado.)* ¿Cómo?

Don Bueno.—*(Aparte, a don Custodio.)* No le haga usted caso, que ya está con los camelos.

Jeremías.—Ahora, que yo no soy un neurasténico, salvo que ustedes quieran que lo sea.

Don Bueno.—¿Pues entonces, qué es usted?

Jeremías.—Pues soy lo que mi interlocutor se imagine que sea. ¿A mí qué más me da?

DON CUSTODIO.—Es que, por ese sistema, si yo creo que es usted dentista, le coloco en el trance de que me tenga que extraer una muela.

JEREMÍAS.—Y se la extraigo. Todo menos decepcionarle.

ILUMINADA.—¡Caray!

JEREMÍAS.—Yo soy lo que los demás quieren que sea, y los demás son, para mí, lo que ellos quieren ser.

DON BUENO.—Menos doña Natalia.

JEREMÍAS.—Doña Natalia es una excepción.

ILUMINADA.—¿Pero es que usted cree?...

JEREMÍAS.—Creo que es de una frescura que se acuesta con seis mantas y tirita.

DON BUENO.—Aquí viene.

(Por el corredor de la izquierda sale DOÑA NATALIA, *de unos cuarenta años. Viste y se conserva bastante bien. Al mismo tiempo, por el lado contrario, sale* ANGUSTIAS.)

NATALIA.—Oye, Dolores, haz el favor.

ANGUSTIAS.—Soy Angustias, doña Natalia.

NATALIA.—Ah, sí, perdóname. Ya sabía que eras una cosa desagradable; pero no podía precisar...

ANGUSTIAS.—Dolores es la otra... y la que se queda por las noches, Socorro.

NATALIA.—Sí, sí... Angustias, Dolores, Socorro... El día que os llamen a todas a la vez, vienen los bomberos... Bueno; mira, me vas a hacer el avor de traerme de aquí, de la botica, un bote de bicarbonato.

ANGUSTIAS.—*(Con interés.)* ¿Pero es que le duele el *estógamo* a la señora?

NATALIA.—Afortunadamente tengo un estómago a prueba de hoteles. Es para limpiar mis alhajas. Por eso pídelo de los más grandes que tengan.

DON BUENO.—*(Aparte, a don Custodio.)* ¿Se ha fijado usted en el detalle?

DON CUSTODIO.—*(Aparte, a don Bueno.)* Lo que no me explico es para qué las limpia, si nunca se las pone.

NATALIA.—*(Sacando del bolsillo un billete de cincuenta pesetas.)* Toma este bille de diez duros. ¡Qué fastidio! Nunca tengo dinero suelto. Claro, como la calderilla me mancha las manos...

ANGUSTIAS.—*(Cogiéndolo.)* En seguida estoy aquí.

JEREMÍAS.—Espera. De paso, tráeme una botella de coñac.

ANGUSTIAS.—¿De qué clase?

JEREMÍAS.—Del más caro que haya: es para limpiar la pipa.

DON BUENO.—*(Aparte, a los otros.)* Ya están como siempre.

JEREMÍAS.—Toma este billete de cien. ¡Qué rabia, nunca tengo plata! Claro, como me mancha los dedos...

ILUMINADA.—Pero para una cosa tan insignificante... Angus-

11

13

tias, no tomes ese billete y devuélvele a doña Natalia el suyo, y di que pasen la cuenta, que aquí se abonará.

ANGUSTIAS.—*(Con decepción, al mismo tiempo que devuelve los billetes.)* ¡Qué lástima! ¡Yo que pensaba traer las dos vueltas en calderilla! *(Hace mutis primera derecha.)*

NATALIA.—El rápido de Madrid ¿ha llegado ya?

DON BUENO.—Hace un buen rato.

NATALIA.—Entonces mi ahijado no ha llegado en ese tren?

DON CUSTODIO.—Ah, ¿pero el chico se ha ido a Madrid?

NATALIA.—Se fué en el correo que pasa de madrugada, con el sólo objeto de poner un radiograma... ¿No quedan más trenes?

JEREMÍAS.—Queda un mercancías, que trae un coche de tercera, y en ese vendrá seguramente.

NATALIA.—*(Indignada.)* ¡Mi Tolomeo en tercera!

JEREMÍAS.—Supongo yo; a no ser que venga en un tope.

NATALIA.—¿En un tope? Pues no, señor; porque si ha perdido el rápido, puede coger, si quiere, cualquiera de mis automóviles: el cuarenta caballos, Hispano, o el Renault, sin válvulas.

DON CUSTODIO.—¿De modo que tiene usted dos automóviles?

NATALIA.—Tres, porque del pequeño, de cuatro caballos, no he dicho nada. Es un cochecito que sólo me sirve para dar vueltas por el jardín de casa.

JEREMÍAS.—Yo tengo cinco, sin contar una patinette de dos caballos, que me sirve para ir de la cama al comedor.

NATALIA.—Usted, lo que tiene, es una lengua que la estofan y hace daño.

JEREMÍAS.—Pues la de usted, no la pueden estofar, porque se sale de la cacerola, para decir un embuste.

NATALIA.—El embustero lo es usted.

JEREMÍAS.—Sí, señora; pero es por achicarla en todo.

ILUMINADA.—Vamos, vamos, no sean ustedes así.

NATALIA.—Déjelo que me achique... Si en vez de ser una mujer sola tuviese un hombre a mi lado... ¿Por qué se moriría mi marido? Su muerte fué para mí una catástrofe, porque, además de sumirme en el dolor en que estoy sumida, echó sobre mis débiles hombros la tarea de administrar la hacienda

DON CUSTODIO.—¡Y qué hacienda!

DON BUENO.—¡Media Isla de Cuba!

NATALIA.—Más: cerca de los tres cuartos.

ILUMINADA.—¡Sí que es un peso!

NATALIA.—No me hable usted. Los primeros meses fueron para mí cosa de locura. No daba abasto recorriendo los distintos lugares. Primero, el café; luego, el azúcar; después, el tabaco...

12

JEREMÍAS.—Y luego el coñac.

NATALIA.—El coñac es el que hace a usted decir esas cosas... Pues, como decía, me llevé unos meses de verdadero martirio. Me levantaba a las seis de la mañana, cogía el auto y hala a Cacarajícara. En Cacarajícara, tomaba el chocolate, daba una ojeada a las plantaciones y otra vez a la peregrinación, hasta ir a dormir a Sabana la Grande, donde tengo una casa que es un palacio.

JEREMÍAS.—Una vida así, acaba con Uzcudun.

NATALIA.—Precisamente por eso y porque el clima no me sentaba bien, decidí regresar a España y confiar todo aquello a Pancho Meléndez, mi administrador, que cada tres meses viene de Cuba y me entrega el importe de los arrendamientos.

JEREMÍAS.—Meléndez es un mito. El que viene cada tres meses, de Santo Domingo, a traerme la pasta, es mi administrador verdad.

NATALIA.—¿Y quién es su administrador?

JEREMÍAS.—Miranda. (Aparte.) Ya he colocao otra estación.

DON BUENO.—Ah, ¿pero tiene usted haciendas en Santo Domingo?

NATALIA.—Claro; dirá que es suyo la mitad.

JEREMÍAS.—La mitad no, señora: todo, menos un pedazo que he dejado para que lo vean los forasteros.

NATALIA.—(Indignada.) Le digo a usted que si no fuera por la curación de mi ahijado, ya me hubiese ido de aquí.

JEREMÍAS.—(Burlón.) ¿Y si viene Meléndez?

NATALIA.—Y tanto que vendrá. No tiene nada de particular su retraso; porque me pidió permiso para casarse, se casó; yo fuí la madrina, por poderes, y se conoce que la luna de miel...

JEREMÍAS.—Claro, estando en la luna tiene que tardar. Creo que son veinte millones de kilómetros. Ahora que, con el sin válvulas de usted.

NATALIA.—O con la patinette de usted...

JEREMÍAS.—Con cualquiera de las dos cosas.

NATALIA.—En fin, lo que es menester es que regrese pronto mi ahijado, que fué a poner un radio al *Infanta Isabel*, preguntando si viene a bordo Meléndez.

DON CUSTODIO.—No se preocupe usted. Tolomeo es un chico muy formal.

NATALIA.—Y ya que hablamos de él, ¿cómo le encuentra, doctor? ¿Usted cree que vencerá esa neurosis que se lo come?

ILUMINADA.—La vencerá, no le quepa duda: estas aguas son maravillosas.

NATALIA.—Es que me da una pena verle tan decaído... Y, luego, esos desvanecimientos que le dan, que si no se agarra a lo primero que se encuentra, se caería al suelo.

13

Don Bueno.—Ayer le vi agarrado a la Socorro.

Don Custodio.—Y yo a la Dolores.

Natalia.—A lo primero que se encuentra.

Jeremías.—Y, por lo visto, lo primero que se encuentra son las camareras.

Don Bueno.—Yo estoy seguro que sanará, porque aquí se han visto casos rarísimos coronados por el éxito. Podía citarle a usted el de un banquero, llamado don Bruno Izaguirre... •

Natalia.—Sí, sí, ya me lo han contado. El pobre señor tenía la manía de creer que era un niño de seis meses, y se lo tenía que sentar en la falda la camarera para dormirlo.

Jeremías.—(Aparte.) Pues voy a decir que estoy en mantillas.

Don Custodio.—Una agarofobia determinada por un sentimiento de desdoblamiento personal. No es muy frecuente, pero se ven casos.

Natalia.—¿Se acordó usted de avisar al notario?

Don Bueno.—Quedó en venir a las doce.

(Por el corredor de la izquierda sale Aguado. Es otro neurasténico, de unos cuarenta años.)

Aguado.—(Saliendo.) Buenos días, señores.

Don Custodio.—Buenos, señor Aguado.

Don Bueno.—¿Cómo usted en el hotel con lo aficionado que es a pasear? ¿No sale usted hoy?

Aguado.—No salgo, porque no quiero mojarme.

Natalia.—¿Cómo mojarse?

Aguado.—Sí, señora, va a llover y muy pronto.

Don Bueno.—¡Hombre, por Dios!

Aguado.—Les digo a ustedes que llueve... Si a mí los nervios no me engañan.

Natalia.—Pero si no se ve una nube.

Aguado.—Pues va a llover.

Jeremías.—Sí, señores, va a caer el diluvio.

Aguado.—Ah, ¿a usted también cuando va a cambiar el tiempo se lo anuncian los nervios?

Jeremías.—También.

Aguado.—Como que no falla. ¿Recuerdan ustedes la célebre granizada que se desencadenó a mediados de mayo?

Iluminada.—Ya lo creo. ¡Cómo que me hizo cisco todos los cristales de la marquesina del jardín!

Aguado.—Pues yo la anuncié a fines de marzo.

Natalia.—Entonces no cabe duda que llueve para primeros de noviembre.

Jeremías.—Pero llueve, que es lo que dice el señor.

Aguado.—Como que si no tuviera la seguridad, a estas horas estaría dando mi paseo por las alamedas del castillo.

Jeremías.—Ah; ¿pero aquí hay un castillo?

14

DON BUENO.—¿Quién no conoce el célebre castillo de Majareta?

AGUADO.—Una joya arqueológica, sí, señor; último baluarte de los Condes de Majareta?.

JEREMÍAS.—¿Y viven ahí?

NATALIA.—No viven, porque de esto que habla el señor Aguado, hace dos siglos.

DON BUENO.—Hace tiempo que está en venta, y doña Natalia está si cae o no cae.

NATALIA.—En cuanto llegue Meléndez, quizá me decida. Precisamente mi sueño es vivir en un ambiente medioeval.

AGUADO.—¿Pero todavía no ha llegado Meléndez? Porque de La Habana han venido ya varios barcos.

JEREMÍAS.—Aunque venga una escuadra, es inútil.

NATALIA.—La escuadra la necesita usted para que traigan a Miranda de Santo Domingo.

AGUADO.—Bueno, yo, con el permiso de ustedes, voy a ver si tomo mi ración de agua. *(Medio mutis.)* Ah, se me olvidaba decirle que luego vendrá un señor preguntando por mí, y que quizá se quede algunos días.

DON BUENO.—Descuide usted que, en seguida que venga, se le avisará.

AGUADO.—Es un amigo de la infancia al que no he vuelto a ver desde que íbamos al colegio. Me ha escrito anunciándome su llegada y...

ILUMINADA.—Nada, nada, vaya usted tranquilo.

DON CUSTODIO.—*(A Jeremías.)* Y usted, amigo don Jeremías, si está en un momento de seriedad, yo le agradecería que entrase aquí, a mi despacho, para hacerle el reconocimiento de rigor e indicarle el tratamiento.

JEREMÍAS.—A mí me trata usted como quiera.

DON CUSTODIO.—Son diez minutos.

JEREMÍAS.—Los que sean.

DON CUSTODIO.—Y son diez pesetas.

JEREMÍAS.—A peseta por minuto.

DON CUSTODIO.—Los derechos de costumbre.

JEREMÍAS.—Pues adentro. *(A Natalia.)* Doña Natalia, ahora puede usted adquirir ocho o diez fincas más, que ya me voy.

NATALIA.—Con las que tengo me sobran.

(Don Custodio y Jeremías entran en el despacho del director.)

ILUMINADA.—*(A don Bueno.)* Y nosotros vamos a ojear los servicios, no me fío de la servidumbre.

DON BUENO.—Como quieras.—*(A doña Natalia.)* Ah, se me olvidaba decirle que ayer cumplieron los quince días de la estancia de usted y de su ahijado, y la costumbre de la casa es pasar las facturas quincenalmente.

13

SOCIEDAD DE AUTORES ESPAÑOLES

Núñez de Balboa, 12

1909

13

NATALIA.—¡Muy bien!

DON BUENO,—¿Se las mando sueltas o englobadas?.

NATALIA.—Mándemelas en globo.

DON BUENO.—Está bien. *(Hace mutis con Iluminada por la segunda derecha.)*

NATALIA.—*(Mostrando una gran inquietud.)* Pero ese Tolomeo, cómo no estará aquí ya...

(Por la derecha sale DOLORES, y reclinado en ella, rodeándola la cintura y con la cabeza echada en el hombro, saca a TOLOMEO, de unos veintidós años, pálido, delgado, con grandes ojeras.)

DOLORES.—*(Asomando con él.)* ¡Señora! ¡Señora!

NATALIA.—*(Al verle.)* ¡Tolomeo! ¿Pero qué le pasa?

DOLORES.—No, no se asuste usted: un mareíllo de esos que le dan; pero ya va mejor.

NATALIA.—¿Y en qué lo notas?

DOLORES.—En que, los primeros días, apenas si tenía fuerzas para agarrarse, y ahora... me tié esta cadera macerá. Seguramente que tengo los deos señalaos.

NATALIA.—Por lo visto ha venido en el Hispano...

DOLORES.—No, señora; ha venido en el mercancías.

NATALIA.—¡Qué locura!... Anda, dámelo y vete a tus quehaceres.

DOLORES.—*(Dándoselo.)* Tenga usted cuidado no se le vaya a caer.

NATALIA.—Qué cosas me encargas, mujer.

(Tolomeo pasa de los brazos de Dolores a los de Natalia, quedando en la misma forma, o sea, con la mano cogiéndole la cintura y la cabeza echada en un hombro y los ojos cerrados.)

DOLORES.—¡Pobre señorito! A mí me da una pena... ¡Y me da unos apretones!... ¿Le traigo un vaso de agua?

NATALIA.—No; ya parece que se le pasa. Anda, vete.

DOLORES.—*(Haciendo mutis por donde entró.)* Con permiso.

NATALIA.—*(Al quedarse sola.)* ¡Tolomeo, Tolomeíto! No aprietes, que no es la camarera, que soy yo... Anda, siéntate, rico; siéntate y dime el resultado de tu viaje.

TOLOMEO.—Pues ya se lo podrá usted sospechar por mi entrada.

NATALAIA.—De modo que las cartas...

TOLOMEO.—Me las han fallado todas.

NATALIA.—¿Es posible?

TOLOMEO.—Primeramente, fuí a ver a don Abundio, y me dijeron que estaba en Santander, y que hasta el mes que viene no regresaría...

NATALIA.—¡Qué fatalidad!

TOLOMEO.—Después, me fuí a casa de don Faustino, y me dijeron que estaba en San Sebastián...

NATALIA.—¡Qué horror!

16

TOLOMEO.—Oyendo misa de doce.

NATALIA.—Mira, Tolomeo, no cortes los conceptos, porque voy a acabar más neurasténica que tú... ¿Y fuiste a la iglesia?

TOLOMEO.—Fuí a la iglesia y me lo encontré orando ante un santo que no tengo el gusto de conocer.

NATALIA.—Sería San Dimas, que es el que le protege. ¿Y le hablaste?

TOLOMEO.—Me hice el encontradizo y le di la carta. La leyó, se sonrió y exclamó: «Dile a tu madrina que Meléndez, por lo visto, no viene en un transatlántico, que viene a nado, y que, como no hace más que tres meses que debió salir, a estas horas, si no se lo ha comido alguna ballena, estará en las islas Maderas secándose.

NATALIA.—Pero eso ¿cómo te lo dijo?

TOLOMEO.—Pues yo creo que me lo dijo pitorreándose.

NATALIA.—De modo que no accede a mi petición.

TOLOMEO.—Me dijo que no tenía fondos y que este mes contaba conque le restituyera usted algo de lo que le tiene prestado. Yo le dije que no descontíase, que Meléndez seguramente estaba al llegar; pero como si no... ¡Qué va a ser de nosotros, madrina!... Porque del dinero que le sacó usted a don León, apenas le quedará...

NATALIA.—Treinta y cinco duros. Ah; pero no te apures. Situaciones peores sabes que he salvado. Cuando falta dinero se echa mano al ingenio, y yo no lo tendré en La Habana, pero aquí... *(Señalándose la cabeza.)* aquí es que me rebosa por encima del flequillo.

TOLOMEO.—Lo malo es que ayer hizo quince días que llegamos a este balneario...

NATALIA.—Y a los quince días pasan las facturas. Ya me lo ha anunciado el dueño.

TOLOMEO.—¿Y qué va usted a hacer?

NATALIA.—Testamento.

TOLOMEO.—¡Madrina, por Dios!

NATALIA.—Como lo oyes, testamento, y yo te aseguro que, al acabar de hacerlo, dejaré a todas estas gentes con la boca abierta.

TOLOMEO.—Con tal de que al cerrarla no nos muerda... ¡Ay, madrina, por qué hemos venido aquí!

NATALIA.—Porque lo exige tu salud, y ante tu salud no retrocedo ni por nadie ni por nada.

TOLOMEO.—¡Madrina, por Dios, más líos no!

NATALIA.—Cállate y vámonos a nuestras habitaciones, que me parece que sale don Jeremías.

TOLOMEO.—¿Pero por qué la habrá tomao con nosotros ese hombre?

17

SOCIEDAD DE AUTORES ESPAÑOLES

Núñez de Balboa, 12

1909

13

NATALIA.—Por compañerismo. Porque tiene en Santo Do
mingo lo mismo que nosotros tenemos en Cuba.

TOLOMEO.—Ah; ¿pero usted cree que el Miranda ese...?

NATALIA.—Es gemelo del Meléndez nuestro... Ahora que
yo, esta tarde, doy el golpe, ya lo verás.

*(Hacen mutis por el foro izquierda. Por el despacho del mé
dico salen* DON CUSTODIO *y* JEREMÍAS.*)*

DON CUSTODIO.—De modo que no lo olvide, ¿eh?... Die:
horas de sueño, cuatro de paseo, al aire libre; de alimentación
carnes blancas y verduras, y las dos duchas de manga, una a
levantarse y otra al acostarse.

JEREMÍAS.—Muy bien.

DON CUSTODIO.—Ah, se me olvidaba, ¿usted fuma?

JEREMÍAS.—Sí, señor, es el vicio que tengo más arraigado
(Sacando la petaca.)

DON CUSTODIO.—Pues tiene usted que tener fuerza de vo
luntad, como yo, que, desde hace dos años, no sé lo que es
comprar una cajetilla.

JEREMÍAS.—Pues lo siento, porque yo le iba a ofrecer uno
de éstos que son de elaboración especial.

DON CUSTODIO.—Por una vez y por no desairarle. *(Cogien
do el cigarrillo y encendiéndolo ávidamente.)* Ahora que, con
esto, hay que tener la fuerza de voluntad que yo tengo. Créame
amigo Jeremías, aléjese todo lo más posible del tabaco.

JEREMÍAS.—Procuraré alejarme, sí, señor.

DON CUSTODIO.—Usted siga mis consejos, que ya me dará
las gracias.

JEREMÍAS.—No le quepa a usted duda, porque, si después
de lo buenísimo que estoy, me pone usted mejor, no voy a
saber cómo pagárselo.

DON CUSTODIO.—Ya me considero sobradamente pagado
cuando realizo una cura de esta importancia. Y ahora, con su
permiso, voy a hacer unas visitas.

JEREMÍAS.—Váyase usted tranquilo.

DON CUSTODIO.—Verá usted como hasta se vuelve usted
serio.

JEREMÍAS.—Falta me hace.

*(Don Custodio hace mutis por el foro izquierda. Queda solo
Jeremías. Por la derecha sale, sigilosamente,* ILUMINADA, *que
se dirige a Jeremías.)*

ILUMINADA.—*(Con coquetería cómica.)* ¡Sólo! ¡Este es el
momento! ¡Chist! ¡Don Jeremías!

JEREMÍAS.—¡Caramba, doña Iluminada!

ILUMINADA.—No le extrañe a usted este misterio con que le
hablo; pero quisiera, ya que estamos solos, que me dijese si lo
que hace conmigo es una de las muchas bromas que usted
gasta o es un deseo.

JEREMÍAS.—Deseo...

ILUMINADA.—*(Apasionadamente.)* ¡Ah...!

JEREMÍAS.—Deseo que se explique usted.

ILUMINADA.—*(Más apasionada.)* Pues quiero saber si las chinas que me tira usted todas las noches al balcón de mi alcoba, son de amor o de broma.

JEREMÍAS.—Son de... jardín.

ILUMINADA.—¿Pero en qué sentido me las tira?

JEREMÍAS.—De abajo a arriba.

ILUMINADA.—Ay, está visto que con usted no se puede hablar en serio... y es una lástima, porque, a pesar de su madurez, aún está para encender una pasión.

JEREMÍAS.—*(Aparte.)* Bueno, este sifón con gafas, por lo visto ha tomao en serio mis bromas... Pues va a tener pa rato. *(A ella, cómicamente.)* Si la incendiada fuese usted, no sabe la alegría con que la vería arder.

ILUMINADA.—*(Coquetonamente.)* ¡Quién sabe! Yo sólo sé decirle que usted mira y quema.

JEREMÍAS.—Y usted mira y chamusca.

ILUMINADA.—¿De veras?

JEREMÍAS.—Como que yo no me explico como no han saltao del calor ese par de lupas que lleva usté montás en las narices.

ILUMINADA.—¡Exagerado!

JEREMÍAS.—¡Mantecosa!

ILUMINADA.—Y conste que tiene usted la suerte de ser el primer hombre que me habla de amor.

JEREMÍAS.—El primero desgraciadamente no, porque aquí, que nadie nos oye... *(Aparte.)* Yo me quito de en medio esta Dama de las Camelias.

ILUMINADA.—Acabe usted.

JEREMÍAS.—Yo estoy enterado de lo del corredor.

ILUMINADA.—¿De qué corredor?

JEREMÍAS.—De uno de comercio que estuvo el año pasado aquí, y se prendó de usted y usted de él.

ILUMINADA.—¿Pero qué dice usted?

JEREMÍAS.—No lo niegue. A usted la sorprendieron una noche besándose con el corredor.

ILUMINADA.—¿Con el corredor? ¿En dónde?

JEREMÍAS.—En el pasillo.

ILUMINADA.—¡Oh, qué infamia! ¿Quién le ha contado a usted esa calumnia?

JEREMÍAS.—Pues... *(Titubeando.)* Alcázar... *(Aparte.)* Ya he colocao otra.

ILUMINADA.—¿Y dónde está Alcázar?

JEREMÍAS.—Por el mediodía... viajando. Es otro corredor compañero del del beso.

ILUMINADA.—¡Oh, que villanía! Voy a contárselo a mi her-

19

13

mano, que es un tigre cuando de mi honor se trata, para que
busque a ese Alcázar y le dé su merecido.

JEREMÍAS.—Sí, señora, que lo busque.

ILUMINADA.—(Haciendo mutis.) ¡Yo un beso a un corredor!

JEREMÍAS.—Que lo busque... (Cuando ya se ha ido.) que pa
rato tiene.

(Por la izquierda salen NATALIA y TOLOMEO.)

NATALIA.—No te impresiones, Tolomeo: el que haga testamento no quiere decir que me vaya a morir.

JEREMÍAS.—(Por Natalia.) ¡Anda, ya está aquí Vanderbil!

TOLOMEO.—¡Madrina, mire usted quién está ahí!

NATALIA.—No te preocupes, que ahora verás. (Avanza re-
sueltamente hacia Jeremías.) Oiga usted, Santo Domingo.

JEREMÍAS.—¿Qué hay, Cacarajícara?

NATALIA.—Pues hay que yo quisiera saber por qué la ha
tomao usted conmigo, porque esto debe obedecer a algo.

JEREMÍAS.—Pero si yo no hago más que decir lo que me
han contao: que usted, en Cuba, puede que tenga sardinas;
pero que, en Madrid, tiene usted una de trampas que se cae
por cualquiera de ellas y se mata.

NATALIA.—¡Yo sardinas! ¡Con el daño que me hacen...!
¿Pero no oyes esto, Tolomeo?

TOLOMEO.—(Trágico.) Sí, madrina; lo oigo y no sé cómo
no me da un vahído.

JEREMÍAS.—No le da porque no hay ninguna camarera á
mano.

NATALIA.—Usted lo que tiene es una envidia que se
come.

(Por la segunda derecha entran DON BUENO, ILUMINADA y
DON JUSTO.)

DON BUENO.—(A Iluminada.) Nada, nada, tranquilízate,
que yo te juro que buscaré a ese Alcázar y pagará cara su calumnia.

ILUMINADA.—Hasta que la pague no estaré tranquila.

DON BUENO.—(Viendo á doña Natalia.) A propósito,
doña Natalia. Aquí tiene usted a don Justo Blanco, notario
de la localidad.

NATALIA.—Mucho gusto en conocerle.

JUSTO.—El gusto es mío.

DON BUENO.—Si quieren ustedes pasar a mi despacho...

NATALIA.—No, para qué... digo, a menos que el señor notario lo crea necesario.

JUSTO.—Para mí, donde le sea a usted más cómodo. Ahora sólo voy a tomar las notas para formalizar después en regla el documento.

JEREMÍAS.—Si estorbo...

JUSTO.—No, nada, por mí...

20

NATALIA.—Y por mí encantada, es más, me alegraría que se quedase usted.

JEREMÍAS.—Ah, pues me quedo.

JUSTO.—*(Que se ha calado las gafas, ha sacado una estilográfica y de la cartera un pliego de papel, le dice a Natalia.)* Su cédula, me hace el favor.

NATALIA.—No faltaba más. *(Saca del bolso una cédula, que le entrega.)*

JUSTO.—*(Leyéndola.)* Natalia Ramírez... viuda... muy bien... ¿Usted perdonará algunas preguntas de pura fórmula.

NATALIA.—Haga usted las que quiera.

JUSTO.—¿Cómo es de suponer, será usted católica, apostólica y romana?

NATALIA.—Y vallisoletana además, sí señor.

JUSTO.—Bien. ¿Tiene usted herederos forzosos?

NATALIA.—Por no tener, ni aun parientes; de mi familia no queda nadie.

JEREMÍAS.—¡Los ha matao a todos!

NATALIA.—Y de la de mi difunto marido, creo que tampoco, porque eran dos hermanos y el otro, que era muy joven, emigró a América del Sur y por lo visto murió, porque no se volvió a saber nada de él.

JUSTO.—Y aunque viviese. Un cuñado no es heredero forzoso.

NATALIA.—No tengo a nadie en el mundo más que a este ahijado mío, al que quiero como a un hijo. El pobre tampoco tiene a nadie más que a mí.

JEREMÍAS.—¡Se han juntao dos hongos!

NATALIA.—Este nació en Las Palmas.

DON BUENO.—Ah, ¿es canario?

NATALIA.—Canario, sí señor.

JUSTO.—Pues usted dirá.

NATALIA.—Empezaremos por las plantaciones de caña del pago de la Guaira. Las ocho plantaciones de que consta, se las dejo a mi ahijado Tolomeo Verderón, aquí presente. *(Aparte a Tolomeo.)* ¡Conmuévete!

TOLOMEO.—¡Madrina, por Dios! ¡Ocho plantaciones de caña! No, nunca.

ILUMINADA.—Pobrecito, se afecta porque le deja ocho plantaciones de caña. ¿A usted qué le parece?

JEREMÍAS.—A mí me parece que son muchas cañas para un canario.

JUSTO.—Siga indicándome.

NATALIA.—Ya está toda la caña; pues vamos ahora al tabaco. Mi finca de Vuelta de Abajo, titulada: «Chupa que hay pá rato», que tiene tres kilómetros de extensión, se la lego, también, a mi ahijado. *(Aparte a él.)* Conmuévete más.

21

13

TOLOMEO.—No, eso sí que no, ¿qué hago yo con tanto tabaco para mí sólo.?

JEREMÍAS.—Pones dos o tres estancos.

JUSTO.—Adelante.

NATALIA.—El palacio de Sábana Grande, con sus tierras se las dono a Pancho Meléndez, con la obligación de que fun de unas escuelas para los niños pobres.

ILUMINADA.—¡Muy bien!

DON BUENO.—¡Muy humanitario!

NATALIA.—De los valores, metálico, etc., etc., que ascien de a seis millones de pesos, destino a la Beneficencia dos mi llones y el resto a mi ahijado. *(Aparte a él.)* Llora.

TOLOMEO.—*(Sollozando.)* Madrina, que no, que me va a dar algo.

JEREMÍAS.—Te va a dar una fortuna.

NATALIA.—Vamos, vamos, no te pongas así Tolomeíto.. ¿Pero ven ustedes qué criatura?...

DON BUENO.—Se conoce que el chico se asusta de tanto dinero.

NATALIA.—Pero si no es nada.

JEREMÍAS.—¡Un asco!

NATALIA.—Y más teniendo en cuenta que de ahí hay que deducir un legado.

JUSTO.—Usted dirá.

NATALIA.—Doscientas cincuenta mil pesetas para Mesie Henri Dupont, propietario del Hotel Bristol, de Marsella.

DON BUENO.—¡Hola!

NATALIA.—Se trata de una deuda de gratitud. Estando yo en su hotel, esperando, como ahora a Meléndez, y que, como ahora se retrasaba también, tuvo la atención de no pasarme la cuenta hasta que llegó mi administrador.

DON BUENO.—*(Aparte y guardándose la factura delante del público.)* ¡Mi madre!

ILUMINADA.—*(Aparte a don Bueno.)* Guárdate la factura.

JUSTO.—¿Algo más?...

NATALIA.—Añada únicamente que las alhajas de mi uso particular, valoradas en un millón de pesetas, son para mi ahijada de boda, la esposa de Pancho Meléndez.

JUSTO.—*(Anotándolo.)* Perfectamente. *(Levantándose.)* Pues si no le corre mucha prisa, dentro de dos o tres días estará redactado en regla y podrá firmarse.

NATALIA.—Cuando usted buenamente pueda. No faltaba más.

JUSTO.—*(Despidiéndose.)* Pues si no desean otra cosa de mí...

NATALIA.—Que perdone usted la molestia y agradecida..

JUSTO.—Es mi obligación... Buenos días.

DON BUENO.—Adiós, don Justo. *(Don Justo hace mutis por la derecha.)*

NATALIA.—Y tú, Tolomeíto, no estés triste.

TOLOMEO.—Es que al pensar que puede usted morirse...

NATALIA.—Alguna vez tiene que ser. Anda, anímate.

ANGUSTIAS.—*(Saliendo por el foro derecha.)* Doña Natalia.

DOLORES.—*(Saliendo detrás.)* Señora.

NATALIA.—¿Qué queréis?

ANGUSTIAS.—Que vienen a cobrar esta factura del automóvil que alquiló usted la otra tarde.

TOLOMEO.—*(Aparte a ella y aterrado.)* Con el poco dinero que nos queda...

DOLORES.—Y esta otra de la fonda de la estación, de todas las tardes que ha merendado usted allí. *(Natalia hace ademán de sacar dinero del bolso.)*

DON BUENO.—*(Interponiéndose airado.)* Vengan esas cuentas... Y no sé por qué molestáis a doña Natalia.

ILUMINADA.—Habéis debido pasarlas a caja.

DON BUENO.—Vengan esas facturas, y vosotras ya lo sabéis para otra vez.

NATALIA.—Puesto que usted se empeña, inclúyamelas en la cuenta y luego me la pasa.

DON BUENO.—¿Cómo luego? Cuando Meléndez venga de La Habana, ya ajustaremos cuentas. *(A Iluminada.)* Vamos, Iluminada. *(Aparte, a ella.)* ¿Qué te parece? ¿He estado hábil?

ILUMINADA.—Muy bien.

DON BUENO.—*(Haciendo mutis con élla.)* Sí, porque a lo mejor, como es joven, revoca ese testamento y se acuerda de lo de ahora.

ILUMINADA.—Te digo que muy bien. *(Desaparecen por la derecha.)*

JEREMÍAS.—*(A Natalia.)* Bueno, mañana haga usted el favor de estar aquí a estas horas.

NATALIA.—¿Por qué?

JEREMÍAS.—Porque voy a hacer testamento yo también. Ahora que el mío es más importante.

NATALIA.—Me lo supongo. Le dejará usted a Miranda casi toda su fortuna.

JEREMÍAS.—Más que usted le ha dejado a Meléndez, desde luego. *(Haciendo mutis por el foro derecha.)*

TOLOMEO.—Bueno, madrina, no hable usted más con ese hombre y vámonos.

NATALIA.—Sí, vamos. *(En reserva.)* ¿Has visto el efecto del testamento?

TOLOMEO.—Bueno; pero y después ¿qué recurso le queda a usted?

NATALIA.—¿Después del testamento?... Pues morirme.

23

(Hacen mutis por el foro izquierda. Por la primera derecha sa
DON BUENO, *seguido de* ALCÁZAR, *que es un hombre de un*
cuarenta y cinco a cincuenta años, con una gran cara de bo
dad.)

DON BUENO.—¿Dice usted que al señor Aguado?

- ALCÁZAR.—Sí, a don Primitivo Aguado: seguramente n
estará esperando.

DON BUENO.—Espere usted, que creo recordar. que n
indicó... sí, sí... *(Se dirige hacia la izquierda y se vuelve a pr*
guntarle.) ¿A quién le anuncio?

ALCÁZAR.—*(Muy sonriente.)* A Alcázar.

DON BUENO.—*(Casi dando un salto.)* ¿Alcázar? Ah; pe**r**
¿usted es Alcázar?

ALCÁZAR.—*(Cada vez más sonriente.)* Sí, señor, sí; yo so
Alcázar.

DON BUENO.—Pues para... *(Disponiéndose a pegarle*
desistiendo.) ... para que esté usted más fresco, hágame el f**a**
vor de bajar ahí, al jardín, y esperarle, que yo se lo llevo e
seguida.

ALCÁZAR.—Es usted de una gran amabilidad.

DON BUENO.—Ahora se dará usted cuenta... Por ahí.
(Señalándole a la derecha.) Por ahí... y váyase al final, que est
más fresco. *(Aparte.)* Y está más lejos y no oirán los grito**s**

ALCÁZAR.—*(Haciendo mutis.)* Muy amable, muy amabl**e**

DON BUENO.—*(Se dirige al mostrador del «comptoir» y d*
debajo de él saca una cayada gorda de campo.) Según me h
dicho mi hermana este corredor es el que ha inventado lo d**e**
pasillo con el otro corredor... Bueno, pues este corredor v
a ir a parar ahora a una sala... de operaciones. *(Mutis detrá*
de Alcázar. Por la izquierda salen NATALIA *y* TOLOMEO.)

NATALIA.—No te preocupes y ve a encargar que nos ten
gan un *auto* para después de la comida.

TOLOMEO.—Mire usted que la cuenta se está hacienc
enorme, y total, no tiene usted más que treinta duros.

NATALIA.—No me repliques y anda. *(Tolomeo va a hace*
mutis por la derecha y Natalia, que mira hacia ese lado, le dice.
Espera. *(Con misterio.)* Antes de nada, vete al jardín y co
lócate debajo de esa ventana hasta que yo te avise.

TOLOMEO.—Pero...

NATALIA.—Pronto, que viene. *(Tolomeo hace mutis por l*
derecha, y al salir se cruza con JEREMÍAS, *que se le queda miran*
do y le sigue con la vista.)

NATALIA.—*(A Jeremías.)* Con el permiso de usted voy
escribir una carta. *(Sentándose en un extremo de la mesa d*
centro.)

JEREMÍAS.—Es usted muy dueña, porque yo también vo
a escribir otra. *(Se sienta en el otro extremo.)*

24

NATALIA.—*(Escribiendo y en alta voz.)* Mi querida marquesa...

JEREMÍAS.—*(Idem, ídem.)* Mi querido príncipe...

NATALIA.—*(Levanta la cabeza, lo mira con rabia y continúa.)* Acabo de comprar el castillo feudal que fué de los Condes de Caldeiro y gran parte de los terrenos que lo circundan...

JEREMÍAS.—En este momento he adquirido el Hotel Balneario de Majareta y casi todo el pueblo que lo rodea. *(Los dos levantan la cabeza y se miran con rabia.)*

NATALIA.—*(Escribiendo.)* Voy a hacer de la señorial mansión un palacio veraniego que llame la atención.

JEREMÍAS.—Voy a añadirle al hotel catorce pisos para que puedan hospedarse diez y seis mil viajeros... *(Igual movimiento de mirarse airadamente.)*

NATALIA.—También haré un trozo de carretera que permita que los coches lleguen hasta el mismo puente levadizo.

JEREMÍAS.—Desde la puerta del hotel, arrancará una amplia avenida de noventa kilómetros, que desembocará en la Glorieta de los Cuatro Caminos.

NATALIA.—*(Tirando la pluma con rabia y levantándose.)* Bueno' ¿pero usted qué se propone?

JEREMÍAS.—Comunicarle al príncipe mi proyecto, como usted a la marquesa los suyos.

NATALIA.—¡Pero qué proyectos si usted no tiene un cuarto, y si lo tiene no es capaz de gastarlo!

JEREMÍAS.—Yo lo tengo y lo gasto.

NATALIA.—Yo lo tengo y lo tiro.

JEREMÍAS.—Quisiera verlo.

NATALIA.—¿Ah, sí? Pues vea usted. *(Sacando del bolsillo unos billetes.)* Uno de cinco... otro de diez... otro de veinte... ahí van. *(Los arruga con las manos y los tira por la ventana del foro.)*

JEREMÍAS.—*(Sacando la cartera.)* No, pues a mí no me achica usted... Uno de cincuenta, otro de cien, y otro de quinientas... *(Los arruga y los tira.)* Ahí van. *(Bajando al centro de la escena.)*

NATALIA.—Pues ya está. *(Sentándose.)*

JEREMÍAS.—Y ya está. *(Sentándose.)*

NATALIA.—Y ahora, ¿qué va usted a hacer?

JEREMÍAS.—Lo mismo que usted: esperar a que suba Tolomeo del jardín y me devuelva los billetes.

NATALIA.—¿Ah, de modo que sus billetes...?

JEREMÍAS.—Son como los de usted: de ida y vuelta.

T E L Ó N

FIN DEL ACTO PRIMERO

25

SOCIEDAD DE AUTORES ESPAÑOLES

Núñez de Balboa, 12

1909

13

ACTO SEGUNDO

ACTO SEGUNDO

La misma decoración del primero.

Al levantarse el telón están en escena ILUMINADA, DON BUENO y CUSTODIO. Por el foro derecha entra AGUADO.

DON BUENO. }
ILUMINADA. } *(Con ansiedad, a* AGUADO *que entra.)* ¿Qué?

AGUADO.—Nada.

DON CUSTODIO.—¿Pero de Madrid tampoco ha tenido noticias?

AGUADO.—Tampoco. Y hoy hace dos semanas, que salió huyendo de aquí, porque su hermano le perseguía...

ILUMINADA.—Le perseguía y le arreaba.

DON BUENO.—Usted comprenderá que yo, creyendo que era el Alcázar a que se refería don Jeremías, pues me cegué.

AGUADO.—Sí, sí, claro... Hoy he escrito a Pamplona, donde tiene un sobrino que es boxeador, preguntándole si se ha refugiado allí. Veremos lo que me contestan.

DON CUSTODIO.—Ha sido una equivocación lamentable.

ILUMINADA.—Claro que en España no habrá un solo Alcázar: es un apellido bastante corriente.

AGUADO.—Lo que les aseguro es que mi amigo no es el calumniador. Entre otros motivos, porque nunca ha estado aquí. *(Por la derecha sale* JEREMÍAS. *Viene como de paseo. Saca*

29

un periódico en la mano y fuma un cigarro en una pipa de esas de bambú, exageradamente larga, de cerca de medio metro.)

JEREMÍAS.—Muy buenos días.

DON CUSTODIO.—*(Al verle fumar.)* ¡Pero hombre de Dios! ¿No le tengo a usted dicho que se aleje del tabaco? •

JEREMÍAS.—¿Pero no ve usted a qué distancia estoy de él?

DON CUSTODIO.—Este don Jeremías, hasta con su salud gasta bromas.

JEREMÍAS.—¿Y qué quiere usted? Yo, si no me divierto no sé vivir. A. don Custodio le preocupa que para la edad que tengo, duerma bien, coma bien, digiera bien y dice que hasta que me quite todo esto, no para.

DON BUENO.—Claro, porque se preocupa de su salud.

JEREMÍAS.—Bueno, supongo que habrán ustedes leído la noticia.

AGUADO.—¿Qué noticia? Acaso mi pobre amigo...

JEREMÍAS.—La llegada de otro barquito de La Habana.

ILUMINADA.—¿Ha venido un barco?

JEREMÍAS.—Aquí lo tienen ustedes. Y que se trata nada menos que del *(Leyendo.)* magnífico paquebot «Labanda», de cinco mil toneladas.

ILUMINADA.—¿Labanda?

DON BUENO.—¿Pero ha tocado en España?

JEREMÍAS.—Ha tocado en Santander.

DON BUENO.—Entonces, Meléndez...

ILUMINADA.—Verdaderamente, ya pica en historia la tardanza; los días corren, la cuenta va subiendo...

JEREMÍAS.—Hasta que no la puedan ustedes coger.

AGUADO.—Yo empiezo a creer si tendrá usted razón.

JEREMÍAS.—El tiempo y yo, que dijo don Favila.

AGUADO.—A propósito de tiempo. ¿Cómo es que van ustedes sin impermeable, o por lo menos sin paraguas?

JEREMÍAS.—Ah; ¿pero va a cambiar el tiempo?

AGUADO.—Y no tarda media hora. Ayer llovió en Pontevedra, no les digo a ustedes más.

JEREMÍAS.—Entonces voy a ponerme los chanclos y el gabán de hule.

AGUADO.—Usted búrlese; pero si coge una pulmonía, ya me lo dirá después.

DON CUSTODIO.—Bueno, pues yo me voy también a la visita.

ILUMINADA.—Y tú piensa la forma de solucionar, sea como sea, lo de doña Natalia.

DON BUENO.—Pues la más rápida es exigirle el pago y echarla.

ILUMINADA.—Pero que no pase de hoy mismo.

DON BUENO.—Descuida. •

30

JEREMÍAS.—(A Aguado.) Lo convido a usted a tomar un vermouth ahí en el jardín.

AGUADO.—¿En el jardín?

JEREMÍAS.—Estaremos hasta que empiece a llover. Yo creo que nos dará tiempo, porque está completamente raso.

AGUADO.—Qué sé yo. En fin, vamos. (Iluminada, don Bueno y don Custodio hacen mutis por la derecha. Aguado y Jeremías por el foro derecha. Queda la escena un momento sola. Por la izquierda, con un gran sigilo, casi con miedo, salen NATALIA y TOLOMEO.)

TOLOMEO.—No hay nadie, madrina.

NATALIA.—No, si a mí no encontrándome con don Jeremías, los demás no me importan; pero ese maldito hombre, que me persigue desde Madrid, está empeorando nuestra situación con sus bromas. ¡Lo que daría por poder vengarme de él!

TOLOMEO.—Ayer le sorprendí diciendo que usted en Cuba, no coge ni un terrón de azúcar.

NATALIA.—Pues él en Santo Domingo, no coge... ni el tranvía.

TOLOMEO.—Bueno, ¿y qué piensa usted hacer?... porque esta gente se cansará de esperar.

NATALIA.—No lo sé: es la primera vez en mi vida que estoy acobardada. Toda la noche la he pasado rezándole a San Expedito, que ya sabes que es el abogado de las cosas urgentes.

TOLOMEO.—No olvide usted que ya la gente desconfía; que de La Habana no hacen más que llegar barcos y los dueños del hotel están moscas.

NATALIA.—Lo sé, y a mí se me ha ocurrido matar a Meléndez.

TOLOMEO.—¿Pero cómo?

NATALIA.—De la fiebre amarilla. Si pudiéramos recibir un cablegrama, dándonos cuenta de la muerte, estábamos salvados.

TOLOMEO.—¿Pero por qué ha inventado usted ese personaje?

NATALIA.—Pues no nos ha ido tan mal con él. Ahora que... ¿tú sabes si ha naufragado algún barco estos días?... porque podíamos ahogarle.

TOLOMEO.—No sé, porque yo apenas leo los periódicos; pero podemos preguntárselo a Aguado, que ya sabe usted que es el amo de los cambios de tiempo... Hombre, aquí viene precisamente.

NATALIA.—Pero viene con ese hombre... ¡Si pudiera matarlo con la facilidad que a Meléndez!... (Por el foro derecha entra JEREMÍAS y AGUADO.)

31

13

JEREMÍAS.—Conste que me vengo del jardín porque usted se empeña, porque con esa manía de la lluvia me ha aguado usted el vermouth.

AGUADO.—Ya me lo dirá usted dentro de un rato. *(Por la primera derecha sale* ILUMINADA *con cara de pocos amigos.)*

ILUMINADA.—A propósito, doña Natalia. Usted no sabe lo que me alegro encontrarla.

TOLOMEO.—*(Aparte a élla.)* Mala cara trae.

NATALIA.—Usted dirá.

ILUMINADA.—¿Ha hablado con usted mi hermano?

NATALIA.—No, no he tenido el gusto.

ILUMINADA.—Diga usted el disgusto y dirá usted bien.

TOLOMEO.—*(Aparte.)* ¡Ay, madrina, que nos echan!

NATALIA.—*(Sobreponiéndose.)* Pues usted dirá. *(Aparte.)* ¡San Expedito, Santo mío, no me olvides!

ILUMINADA—.Pues yo, la verdad, doña Natalia, yo soy una mujer muy franca... Y haciendo honor a ésta franqueza, debo decirla a usted que yo y conmigo casi todos los que habitan el hotel...

NATALIA.—Sé lo que va usted a decirme: dudan de mis riquezas y hasta de la existencia de Meléndez, ¿verdad?

ILUMINADA.—Sí, señora, dudamos.

NATALIA.—Pues ha de saber usted que la mentira jamás ha manchado mis labios.

ILUMINADA.—Es inútil que se esfuerce usted en hacernos tragar la leyenda de sus riquezas y la llegada de su administrador.

JEREMÍAS.—Hombre, ¡gracias a Dios que han caído ustedes de su burro!... Y a propósito, ahí llega su hermano.

ILUMINADA.—Pues él dirá a usted lo que yo iba a decirle.

DON BUENO.—*(Saliendo, un poco agitado.)* ¡Doña Natalia! ¡Hermana mía!... ¡Señores!... Me alegro que estén ustedes juntos.

ILUMINADA.—Suprime preámbulos, porque yo ya le he adelantado nuestra opinión, de modo que conque le digas nuestra decisión, terminado.

DON BUENO.—Pues nuestra decisión es rogarle que nos perdone si hemo sdudado un momento...

ILUMINADA.—¿Pero a qué obedece ese cambio?

DON BUENO.—Obedece a que Meléndez acaba de llegar.

JEREMÍAS.
AGUADO.   *(A un tiempo.)* ¿Que ha llegado Meléndez?
ILUMINADA.

NATALIA.—*(Casi sin poder articular una palabra.)* Pero... que... ha llegado Expedito... digo Meléndez.

DON BUENO.—Sí, señora, en este momento; pero no en el coche de viajeros, porque según me ha dicho, al llegar a Madrid, se ha permitido coger el Hispano cuarenta caballos de usted.

TOLOMEO.—¡Mi madre!

NATALIA.—*(Titubeando y miedosa.)* ¿De modo que... dice usted... que Meléndez está aquí?

DON BUENO.—Ahora viene. Lo he dejado sacando del *auto* una porción de paquetes que trae. *(Asomándose a la caja.)* Por aquí, señor Meléndez, por aquí.

NATALIA.—*(Aparte, aterrada.)* ¿Quién será?

TOLOMEO.—*(Idem.)* ¿Será un milagro?

(Por la derecha entra MELÉNDEZ. *Es un hombre relativamente joven. Viste traje de hilo, color hueso, sombrero de paja de los llamados jipis. Con él salen* ANGUSTIAS *y* DOLORES, *que vienen cargadas de saquitos, cajas de jalea, cajas de cigarros, etcétera. Meléndez hablará con acento cubano; pero sin exagerarlo.)*

MELÉNDEZ.—*(A las camareras.)* Déjenlos ahí, hagan el favor y tráiganse los que han quedado en el coche. *(Angustias y Dolores hacen mutis y vuelven con otros paquetes que dejarán en el mismo sitio.)*

DON BUENO.—*(Señalando a Natalia.)* Ahí tiene usted a la señora.

MELÉNDEZ.—Ya, ya la veo. *(Dirigiéndose respetuosamente.)* Aquí tiene ya a este perdido, amita, ¿cómo le va?

NATALIA.—Pues me va... *(Aparte.)* Me va a dar algo... Es San Expedito.

MELÉNDEZ.—Y el niño Tolomeo, ¿cómo sigue?

NATALIA.—Lo mismo. *(A Tolomeo.)* Tolomeo, hijo, santíguate, aigo saluda.

TOLOMEO.—*(Saludando.)* Yo pecador...

ILUMINADA.—Pero siéntese usted.

MELÉNDEZ.—Mientras no me lo ordene el ama...

NATALIA.—Sí, Meléndez, sí, siéntate, no faltaba más. Aquí todos son...

AGUADO.—Amigos de su ama.

JEREMÍAS.—Pero de los buenos.

MELÉNDEZ.—El ama se deja querer de todo el mundo: es una santa.

NATALIA.—Y tú también eres un santo.

MELÉNDEZ.—No, yo no...

NATALIA.—No me lo niegues, tú eres un santo.

MELÉNDEZ.—Un fiel servidor de la señora... Yo espero que no me guardará rencor por la tardanza... Fué la luna de miel.

DON BUENO.—Aquí lo decíamos todos: ese hombre no viene porque está en la luna.

MELÉNDEZ.—Sí, señores, sí. Me casé con niña Chola y el ama, conforme a sus deseos, fué la madrina por poder.

33

13

NATALIA.—¿Por poder?... Ah, sí, por poder... *(Aparte.)* Por poder saber quién es, daría la vida.

MELÉNDEZ.—Niña Chola está encantada. Ella misma me preparó esas cajitas de jalea y de guayaba que le traigo ahí

NATALIA.—Ah, ¿me traes jalea?

MELÉNDEZ.—Como siempre.

NATALIA.—No, perdona: en el viaje pasado no me jaleaste.

MELÉNDEZ.—Tiene razón el ama; pero en este viene el desquite, y además vienen los saquitos de café y azúcar y las cajas de cigarros puros... Y qué, ¿no me pregunta como está aquéllo?

NATALIA.—Para qué... ¿Supongo que estará...?

MELÉNDEZ.—Gusto da verlo. Hay para bendecir al Señor.

NATALIA.—Sí, sí, bendito y alabado sea.

TOLOMEO.—*Per secula seculorum.*

MELÉNDEZ.—Este año ha sido de los mejores que se recuerdan. Y a propósito. Aquí le traigo las rentas.

NATALIA.—*(Aparte, cada vez más aterrada.)* ¿También dinero? No, San Expedito, esto ya es mucho.

MELÉNDEZ.—*(Sacando del bolsillo la cartera y de ella un cheque.)* He ingresado en el Banco, en su cuenta corriente, ciento veintitrés mil pesetas. Ahí tiene el cheque. *(Lo coloca sobre la mesa. Natalia no se atreve a cogerlo y lo mira con terror. Meléndez saca de otro bolsillo un sobre.)*

NATALIA.—*(Aparte.)* Yo debo estar dormida.

MELÉNDEZ.—*(Presentándole el sobre.)* Y el resto, hasta las ciento cincuenta mil, se lo he traído en efectivo, por si le hacía falta para algo... Ahí tiene usted, veintisiete billetes de mil pesetas.

NATALIA.—*(Limpiándose el sudor que la correrá por la frente.)* ¡Veintisiete billetes!

MELÉNDEZ.—Cuéntelos.

NATALIA.—No, yo no... Cómo voy yo... Cuéntalos tú, Tolomeo.

TOLOMEO.—*(Más aterrado.)* No, yo no... Cómo voy yo... Que los cuente don Jeremías, que dudaba.

JEREMÍAS.—Claro que los voy a mirar y a contar y a fijarme si son buenos. *(Meléndez le da el sobre.)*

JEREMÍAS.—*(Cogiéndolo y sacando los billetes.)* Uno... dos... tres... *(Figura que sigue contando.)*

AGUADO.—Y son de los nuevos.

JEREMÍAS.—Veintisiete justos.

MELÉNDEZ.—Yo estaba seguro; pero las cuentas son cuentas.

JEREMÍAS.—Ahí van. *(Alargándoselos a Natalia.)*

NATALIA.—No, que me los guarde el señor Bueno, y el cheque también.

DON BUENO.—(Cogiéndolos.) Comprendo, no querrá usted tener en su cuarto... Ahora le extenderé un recibo.

MELÉNDEZ.—Y ahora, si mi ama me lo permite, regreso a Madrid, que he dejado a la nena solita en la pensión.

JEREMÍAS.—Pero hombre, ¿ha dejado usted sola a Chola?

NATALIA.—Pero ahora quédate un momento. Es necesario que tú y yo hablemos a solas; quiero darte algunas instrucciones; decirte algunas misas... (Rectificando.) Digo, algunas cosas de índole reservada.

MELÉNDEZ.—Como mande el ama.

NATALIA.—Anda tú, Tolomeíto: obsequia aquí a estos amigos con esas chucherías que nos ha traído Meléndez.

TOLOMEO.—A mí no me mande usted que toque esas cosas, porque estoy muy nervioso.

NATALIA.—Pero hijo, por Dios, ni que fuera... (Va a dirigirse ella a los sacos y se arrepiente.) Tú mismo, Meléndez, dale aquí, a doña Iluminada...

ILUMINADA.—Villar y Villar, servidora de usted...

MELÉNDEZ.—Yo lo soy de usted.

NATALIA.—Y al señor Bueno.

DON BUENO.—Y Villar de segundo.

NATALIA.—Pues anda, jalea a doña Iluminada y dale uayaba también y además un saquito de café y otro de azúcar.

ILUMINADA.—¡Por Dios, esto es ya demasiado!

NATALIA.—¡Qué ha de ser demasiado! Verá usted qué café an rico, no el que dan ustedes aquí.

DON BUENO.—Procuramos dar de lo mejor. Ahora que como esto (Por el saquito que le dan.) claro que no puede ser.

NATALIA.—Y a los caballeros obséquiales con unas cajas de cigarros puros... ¿Qué marcas has traído?

MELÉNDEZ.—Las que hacemos siempre: «Conchas», «Cremas», «Aguilas» y «Tacos de Vuelta de Abajo».

NATALIA.—Pues anda, ahí al señor Aguado, que siempre está mirando al cielo, dale «Aguilas». (Le da una caja.)

AGUADO.—Agradecidísimo.

NATALIA.—Aquí, a Villar, dale «Tacos».

JEREMÍAS.—¡Atiza!

NATALIA.—Y al descreído de don Jeremías, a ese que me negaba el agua y el fuego, dale «Conchas», por más que él ya debe tener más que un galápago.

JEREMÍAS.—Pues entonces que me dé «Cremas».

NATALIA.—Y ese sobrante, repártalo usted entre la servidumbre.

ILUMINADA.—¡Por Dios, doña Natalia!... Ese despilfarro...

NATALIA.—Yo soy así. Yo si no despilfarro no vivo. Y ahora les ruego a ustedes que me dejen un momento sola con Meléndez.

35

13

ILUMINADA.—No faltaba más. Vamos. *(Al hacer muti por la segunda derecha.)* ¿Pero has visto qué equivocación!

DON BUENO.—¡Y qué fortunón!

NATALIA.—Y tú también, Tolomeo, déjame.

JEREMÍAS.—Vente con nosotros. Daremos una vuelta po el jardín sin alejarnos mucho, no tengamos que volver a nado porque según el señor Aguado, va a caer de firme..

AGUADO.—¡Y tanto!

NATALIA.—Pero tengan ustedes cuidado de él; porque com le dan esos vahídos...

JEREMÍAS.—Como no vienen las camareras, quizá no l den. *(Hacen mutis segunda derecha. Quedan solos Natalia Meléndez. La primera mira fijamente a la cara al segundo y l dice.)*

NATALIA.—Meléndez.

MELÉNDEZ.—Señora.

NATALIA.—Cuidadito: ya no soy señora ni cosa que se l parezca. Ya estamos solos y quiero saber quién eres.

MELÉNDEZ.—¿Pues quién voy a ser? Pancho Meléndez, su administrador, que ha venido de Cuba para darle l cuenta.

NATALIA.—Pues si tú eres Pancho Meléndez, que ha veni do de Cuba para darme la cuenta, yo soy doña Urraca, que ha venido de Castilla para darte con una botella en la cabeza.

MELÉNDEZ.—¡Pero amita, por Dios!

NATALIA.—No te hagas el cubano, porque me hago yo la loca, que si no lo estoy me falta muy poco.

MELÉNDEZ.—¿Pero qué le pasa?

NATALIA.—Pues esto que me pasa, me pasa hace dos si glos y me creo que vienes del otro mundo.

MELÉNDEZ.—Y de allí vengo.

NATALIA.—Me refiero al otro. Y te tomo por un sér sobre natural o me creo que eres hechicero; pero en el siglo veinte, comprenderás que no puedo creer que eres hechicero, aunque me lo jure la niña Chola.

MELÉNDEZ.—¿Pero qué es lo que cree la amita?

NATALIA.—Pues que eres un guasón que ha venido a to marme el flequillo y a mí el flequillo no me lo ha tomao na die más que mi difunto, pero para acariciármelo, ¿te enteras?

MELÉNDEZ.—Ah, ¿de modo que el ama me toma...?

NATALIA.—Al entrar te tomé por San Expedito, que es como si fuera de casa; pero fué efecto de la sorpresa.

MELÉNDEZ.—No me lo explico.

NATALIA.—La que no se lo explica soy yo, y ahora mismo me vas a decir quién eres, qué te propones y a qué obedece esto.

MELÉNDEZ.—¿Le parece al ama que llamé al médico?

NATALIA.—Como no me lo digas, llámalo; pero para ti, porque te muerdo.

MELÉNDEZ.—Máteme si quiere el ama; pero yo no puedo engañarla: yo soy Pancho Meléndez, su administrador.

NATALIA.—(Indignada.) ¿Pero qué administrador?

MELÉNDEZ.—¡El que ha venido a traerla las rentas!

NATALIA.—(Más indignada.) ¿Pero qué rentas?

MELÉNDEZ.—Las de la caña.

NATALIA.—(Como loca.) ¿Pero qué... caña?

MELÉNDEZ.—¡Por Dios, amita, no se ponga así que me asusta! Debe padecer un ataque grave. Yo voy por el médico corriendo.

NATALIA.—El médico, no.

MELÉNDEZ.—(Haciendo mutis.) El médico, sí.

NATALIA.—(Llamando a gritos a Meléndez, que se ha ido por la derecha.) ¡Meléndez! ¡Meléndez!

DON BUENO.—(Dentro y a grandes gritos.) ¡Doña Natalia! ¡Doña Natalia!

NATALIA.—¡Eh! ¿Qué pasa? (Por el foro sale DON BUENO, acompañando a TOLOMEO, que llevará una americana de Jeremías, que le estará excesivamente grande.)

NATALIA.—¿Pero Tolomeo, hijo de mi alma, cómo vienes?

TOLOMEO.—Pasado por agua.

DON BUENO.—Que se ha caído al estanque.

NATALIA.—¿Que se ha caído al estanque?

TOLOMEO.—Sí, madrina: me acerqué a hacerle unas caricias a ese ganso que sabe usted que es amigo mío, porque todas las mañanas le llevo unas cuantas nueces que se las traga enteras...

NATALIA.—¡Qué raro!

TOLOMEO.—No ve usted que es un ganso...

DON BUENO.—Se conoce que le dió un vahído...

TOLOMEO.—Sí, señor, no sé qué me pasó en la vista que todo bailaba a mi alrededor: me bailaban los gansos, me bailaban los patos; me bailaban las patas... y me caí.

NATALIA.—Jesús, María y José.

DON BUENO.—Gracias a la serenidad de don Jeremías, que con un valor estoico se despojó de parte de su ropa y se tiró al agua, no tenemos que llorar hoy una desgracia.

NATALIA.—De modo que don Jeremías...

TOLOMEO.—Sí, señora, y me llevó a su cuarto y me ha puesto esta ropa suya.

NATALIA.—Pero si el estanque apenas si tenía una cuarta de agua.

DON BUENO.—Pues ha estado a punto de ahogarse.

TOLOMEO.—Sí, a punto; como que si no me bebo toda el agua que había, me ahogo. Lo he dejado seco.

37

13

DON BUENO.—Bueno, pues aquí se queda usted con Tolomeo, que yo voy a ver para qué me ha mandado llamar el notario.

NATALIA.—Vaya usted con Dios, y muchas gracias por el salvamento de náufragos.

DON BUENO.—Eso a don Jeremías. *(Don Bueno hace mutis por la segunda derecha. Quedan solos Natalia y Tolomeo.)*

TOLOMEO.—Bueno, madrina, ¿en qué ha quedado usted con ese? Es Meléndez, San Expedito o qué es?

NATALIA.—Es uno que me gana a mí a fantasía.

TOLOMEO.—¿Pero cómo sabe todo lo que ha dicho usted de Cacarajícara, de Sabana la Grande y del casamiento y de la tardanza...?

NATALIA.—Pues eso es lo que me tiene negra, porque si no tuviera confianza en ti, creería que eres tú el que me gasta esta broma.

TOLOMEO.—¿Yo?

NATALIA.—No, hombre, no... Si lo digo porque no me cabe en la cabeza... porque los billetes eran buenos...

TOLOMEO.—¿Pero Meléndez, qué le ha dicho a usted?

NATALIA.—Pues que es Meléndez y que es mi administrador.

TOLOMEO.—Pues es para volverse loco.

NATALIA.—Como que estoy que fíjate: me ponen un termómetro y lo estallo. *(Cogiéndole una mano.)* Y tú estás que eres una garrafa... Sécate esa cabeza, hombre... ¿Dónde tienes el pañuelo? *(Buscándoselo por los bolsillos de la americana. De uno de ellos le saca una carta, cuyo sobre leerá.)* ¡Remeléndez!... ¿De quién es esta americana?

TOLOMEO.—La que se quitó don Jeremías, que me la puso él mismo pa que entrase en calor.

NATALIA.—A ver, a ver. *(Registra los bolsillos del interior y de uno de ellos saca una cartera, que examina detenidamente, sacando de ella tarjetas, papeles y documentos.)* Pues ya sé quién es el hombre que nos seguía en Madrid con tanto misterio y quién nos está gastando esta broma.

TOLOMEO.—¿Quién?

NATALIA.—Don Jeremías... Don Jeremías, que no es don Jeremías, que es mi cuñao...

TOLOMEO.—¿Su cuñao?

NATALIA.—Sí. Fíjate... ¿Qué lees aquí?

TOLOMEO.—*(Leyendo una cédula que le pone Natalia ante los ojos.)* Patricio Monreal y Pancorbo.

NATALIA.—Lo mismo que dice en las cartas, en las tarjetas y en todos estos documentos.

TOLOMEO.—¿Entonces el Meléndez?...

NATALIA.—El Meléndez me lo ha mandao él, el dinero me lo ha mandao él y la guayaba me la ha dao él.

38

TOLOMEO.—Entonces el nombre que ha dao aquí...

NATALIA.—Un camelo. Aprovechándose de que yo no lo conozco para poder gastarme la broma... ¡Si mi marido, siempre que hablábamos de él, decía lo mismo: «Este hermano mío le gasta una broma a su sombra.»

TOLOMEO.—Y por lo visto todas esas riquezas que dice que tiene en Santo Domingo, ¿serán verdad?

NATALIA.—Pronto lo vamos a saber.

TOLOMEO.—¿Lo va usted a desenmascarar?

NATALIA.—Ca, hombre. Para nosotros sigue siendo don Jeremías. Ahora que a mí los camelos y las bromas me las paga... porque muy grande es la que me está dando; pero, anda, que la que le voy a dar yo es pa que la canten los ciegos.

TOLOMEO.—Ahí me parece que viene.

NATALIA.—Pues guárdate todo esto y como si no supiéramos nada. *(Le entrega la cartera y los sobres, que Tolomeo guarda en los bolsillos correspondientes. Por el foro izquierda salen JERE-MÍAS y AGUADO, con distintos trajes de los que antes sacaron.)*

JEREMÍAS.—Eh, ¿cómo está el pollo?

NATALIA.—Pues el pollo está como para ponerlo en la lumbre.

AGUADO.—*(A Tolomeo.)* De buena te has librado.

NATALIA.—Se ha librado gracias a don Jeremías.

JEREMÍAS.—¿Quiere usted callar? Cuando hay que jugarse la vida se la juega uno. Precisamente mi especialidad es el salvamento de náufragos. Yo, más que hombre, soy un chaleco salvavidas... Recuerdo que en un Turanti, a dos kilovatios escasos de Mangonia...

NATALIA.—Sí, el año pasado veraneamos allí.

AGUADO.—Pues yo no he oído nunca esa playa.

JEREMÍAS.—Porque está en la baja Mamramia.

TOLOMEO.—*(Aparte, a Natalia.)* Madrina, que nos está inventando una geografía.

NATALIA.—*(Aparte, a Tolomeo.)* Déjalo, que yo le voy a inventar una aritmética.

JEREMÍAS.—Pues, como decía: en Turanti salvé a un marinero que se estaba ahogando... de un ataque de tos, porque le puse a tiempo dos escorfitos.

NATALIA.—Son buenísimos. Yo los tomo mucho.

AGUADO.—¿Se trata de un específico?

JEREMÍAS.—Más bien de un hipercocodio.

TOLOMEO.—*(Aparte, a Natalia.)* Madrina, que nos está colocando una de cuentos...

NATALIA.—Déjalo, que yo le voy a colocar una de cuentas...

ILUMINADA.—*(Saliendo por la derecha.)* ¿Pero qué es lo que me ha dicho mi hermano? ¿Que Tolomeíto se nos ha bebido el estanque?

39

13

TOLOMEO.—Pero no ha sido por gusto.

JEREMÍAS.—Y, además, ha dejado a los peces; dando saltos, pero los ha dejao.

(Por la derecha sale DON BUENO, *seguido de* DON JUSTO.)

DON BUENO.—¡Mi admirada doña Natalia!

NATALIA.—¿Qué pasa?

DON BUENO.—Aquí, don Justo, el notario, que desea hablar con usted.

NATALIA.—¿Conmigo?

JUSTO.—Vengo con la grata nueva de que esta tarde tenga la bondad de llegarse por mi despacho a firmar la escritura de compra del castillo de Majareta y a darle posesión del inmueble.

ILUMINADA.—Ah; ¿pero ha comprado el castillo?

DON BUENO.—*(Aparte, y con contrariedad.)* Pues me ha hecho cisco, porque ¿dónde me veo yo ahora, por las noches, con la camarera?

AGUADO.—¡El histórico castillo!

JEREMÍAS.—¿Pero cómo no nos lo ha dicho?

NATALIA.—*(Confundida.)* Pero si yo es que... *(Aparte, por Jeremías.)* Bueno, este tío es que no descansa. *(A don Justo.)* ¿Está usted seguro que yo he comprado el castillo?

JUSTO.—Por lo menos su administrador, don Pancho Meléndez, ha depositado en mi Notaría el importe en que estaba valorado, rogándome que le tuviera la escritura para esta tarde.

AGUADO.—¿Habrá costado un dineral?

JUSTO.—No mucho; porque aunque es de gran valor histórico, porque se remonta, como ustedes saben, a la época de Wifredo el Velloso, el tiempo ha cegado el foso, ha inutilizado el puente levadizo, ha derrumbado las almenas y ha derruído algunos techos, pavimentos...

JEREMÍAS.—*(A Natalia.)* Vamos, sí; que ha comprao usted unos escombros.

JUSTO.—Eso justifica el precio exiguo de la venta.

NATALIA.—¿Cuánto ha dado Meléndez?

JUSTO.—Dos mil quinientas pesetas.

NATALIA.—¿Dos mil quinientas pesetas un castillo?

JEREMÍAS.—Si se lo compra usted en el Bazar Equis le sale más caro.

TOLOMEO.—*(Aparte.)* ¡Ay, madrina, que se sigue chuflando!

NATALIA.—Déjalo, que ahora empiezo yo. *(Alto.)* ¿De modo que mi administrador?...

MELÉNDEZ.—*(Que ha salido un momento antes por la derecha.)* Sí, ama, iba a decírselo antes; pero como usted se puso tan mala...

40

JUSTO.—Eso me dijo, que usted no iba porque estaba algo ndispuesta, de modo que ya sabe usted: mañana le espero... Y ahora, con el permiso de ustedes.

NATALIA.—Mañana me tiene usted allí.

JUSTO.—Buenos días. *(Hace mutis por la derecha.)*

MELÉNDEZ.—¿Le ha parecido mal al ama mi determinación?

NATALIA.—No, no, si has hecho muy bien. Precisamente tenía yo unos deseos del castillo... Ahora que hay que arreglarlo, cueste lo que cueste. Yo me pienso gastar de veinte a treinta mil duros. ¿No le parece a usted, Jeremías?

JEREMÍAS.—Yo que usted lo dejaba así, porque le va usted a quitar el mérito.

NATALIA.—Ca, no... Yo, mañana, voy a Madrid por el mejor arquitecto, el mejor restaurador y el mejor pintor. Y, de paso, saco ese dinero que has metido en el banco, porque a mí los cheques no me hacen feliz. A mí, dinero contante y sonante.

JEREMÍAS.—*(Aparte.)* ¡Caray!

NATALIA.—¿No le parece a usted, don Jeremías?

JEREMÍAS.—Yo creo que aquí no le hace falta tanto dinero.

NATALIA.—¿Cómo que no?... Ahora va usted a ver... Señor Bueno, de las veintisiete mil pesetas que tiene usted, se cobra mi factura y los extraordinarios, y a las camareras le da a cada una veinte duros de propina.

JEREMÍAS.—No, no...

NATALIA.—¿Cómo que no? ¿Usted qué tiene que ver?

JEREMÍAS.—Es que, si hiciera eso, faltaría a su deber; porque ahora no se pueden dar propinas, se da el diez por ciento.

NATALIA.—Bueno, pues se los da usted como regalo... ¿a ver quién me impide eso?... Además, teniendo en cuenta la atención que ha tenido de no pasarme la factura hasta la llegada de mi administrador, se queda usted con cinco mil pesetas, que le regalo.

DON BUENO.—¡Doña Natalia, por Dios!

AGUADO.—*(A Jeremías.)* Es un nabab.

JEREMÍAS.—¡Es una loca!

NATALIA.—En cuanto a doña Iluminada, ya me encargaré mañana, cuando vaya al Banco a hacer efectivo el cheque, de traerla cualquier cosilla de casa Lacloche.

ILUMINADA.—No, a mí no, doña Natalia.

NATALIA.—Una cosa modesta: una pulsera de brillantes... un collar de perlas... una chuchería de diez o doce mil pesetas...

ILUMINADA.—¿Pero para qué se va usted a meter en eso?

JEREMÍAS.—Claro: si los chinos los tienen que hacen el mismo efecto.

MELÉNDEZ.—Si al ama le parece, yo me encargaré de todo eso.

NATALIA.—No, tú tienes que atender a tu mujercita, a la Chola.

41

13

JEREMÍAS.—Pero es que puede dedicarle el día a usted y l
noche a la Chola.

MELÉNDEZ.—El señor tiene razón. Mañana me voy a bu!
carla, y al mismo tiempo que vuelvo con ella, vuelvo con l
demás.

NATALIA.—No, tú no te muevas de aquí. La Chola y tod
lo demás me lo traigo yo mañana. No preocuparse, que yo m
las traigo. Y ahora, mi querido señor Bueno, prepare un lunc
a su gusto de usted, que tomaremos en mi nueva mansió
medioeval, para celebrar la toma de posesión. Supongo que n
faltarán ustedes.

AGUADO.—Agradecidísimo de su atención.

DON BUENO.—(Aparte.) Nada, que me hace cisco mi com
binación. Yo voy a inventar algo para que desista... (Alto.
Doña Natalia... yo... la verdad... no quería echar abajo la
ilusiones que usted ha puesto en ese castillo gótico; pero l
atención que acaba usted de tener conmigo me obliga a con
fesarle toda la verdad.

NATALIA.—¿Qué pasa?

DON BUENO.—Pues que, desde hace tiempo, corre por e
pueblo la leyenda de que todos los días, al ponerse el sol, cuan
do las sombras invaden el castillo, el dar en el reloj las ocho
se oye el ruido de una cadena...

JEREMÍAS.—Pué que sea la del reloj.

DON BUENO.—Según dicen, es la que arrastra el alma de
Conde Mardonio Caldeiro, el primero de los Majaretas, qu
vaga por los aposentos del castillo, bajo la figura de fraile.

TOLOMEO.—(Aparte.) ¡Ay, qué miedo, madrina!

NATALIA.—(Aparte.) Cállate, que me parece que éste est
de acuerdo con Jeremías para seguir la broma... (Alto.) Buen
¿y qué hace el alma en pena?

DON BUENO.—Solloza, se queja y canta. Canta débilment
como si entonase una oración.

NATALIA.—Ah, ¿de modo que, al ponerse el sol, canta e
monje? ¿Y al salir el sol?

JEREMÍAS.—Canta la perdiz.

NATALIA.—¿Y al salir el sol qué hace?

DON BUENO.—Desaparece.

ILUMINADA.—Nada me habías dicho...

DON BUENO.—Por no preocuparte... Como eres tan su
persticiosa... Parece ser que el tal Mardonio lo encerró en e
subterráneo su señora, la Condesa Monégunda, para pode
gozar con libertad del amor que sentía por su primo don Opa!

ILUMINADA.—¡Qué entrañitas las de doña Monegunda!...

NATALIA.—Vaya, vaya, vaya. ¿De modo que un alma e
pena, eh? ¡Qué pena! ¡Qué pena que no haya más que un alma!.

AGUADO.—¿Pues cuántas quería usted?

NATALIA.—Por lo menos un par de ellas. A mí no me asustan. En el castillo de Mingoncia vi yo tres fantasmas que, al dar las doce, se ponían a jugar al billar.

DON BUENO.—¡Tres fantasmas nada menos!

JEREMÍAS.—No veo el asombro, porque yo he asistido, en el milenario castillo de Etundia, a una junta general de fantasmas.

NATALIA.—Bueno, pues como a mí las almas en pena no me dan ni frío ni calor, usted no deje de preparar ese *lunch* para mañana, y el que de ustedes se preocupe que no asista.

AGUADO.—*(Aparte, a Jeremías.)* ¿Usted va a ir?

JEREMÍAS.—*(Idem.)* Claro que voy, ¿pero no comprende usted que esto es una broma de esta señora, que está empeñada en hacerme la competencia?

(Suena, dentro, una campana.)

DON BUENO.—La comida.

NATALIA.—Pues vamos allá, que yo no me he desayunao hoy y tengo apetito, y tú también debes tener una debilidad...

TOLOMEO.—Yo, lo que tengo es un reuma que de aquí me va usted a tener que llevar a Alhama.

NATALIA.—Vamos, Meléndez.

MELÉNDEZ.—Como mande el ama.

JEREMÍAS.—*(Aparte, a Meléndez.)* A ver cómo te las apañas para que hablemos. Es necesario.

MELÉNDEZ.—*(Por Natalia.)* Como no la anestesie...

JEREMÍAS.—Busca un motivo cualquiera.

NATALIA.—¿Pero no has oído, Meléndez?

MELÉNDEZ.—Sí, vamos...

JEREMÍAS.—*(A Aguado.)* Vamos.

(Hacen mutis todos por la izquierda. Cuando ya han desaparecido, por la derecha sale ALCÁZAR, que traerá la cara vendada con un pañuelo. Le acompaña su sobrino TRIFÓN ALCÁZAR, que más que hombre es una mole. Fuerte, con unos puños enormes. Ha de dar idea de que es un boxeador admirable.)

TRIFÓN.—¿De modo que fué aquí...?

ALCÁZAR.—Sí, Trifón, sí; aquí es donde le dieron a tu tío, aquí. *(Señalándose la cara.)*

TRIFÓN.—Bueno, pues usted no se preocupe. Es usted hermano de mi padre, según dicen malas lenguas; llevo el mismo apellido de usted, según dicen en el registro, y usted comprenderá que tengo la obligación de vengarlo.

ALCÁZAR.—Véngame, sí; véngame.

TRIFÓN.—Es la primera vez que voy a pegar sin que me anuncien y sin cobrar; pero no importa: me haré cuenta que se trata de un beneficio.

ALCÁZAR.—El, según he averiguado, es un tal Bueno; que me arreó y que es algo de aquí.

43

13

TRIFÓN.—Bueno, ¿eh?

ALCÁZAR.—Pero lo mejor es que te esperes. Yo voy por mi amigo Aguado y él nos lo presentará.

TRIFÓN.—Yo, en cuanto me digan quién es Bueno, ya le estoy arreando.

ALCÁZAR.—Oye, ¿y si te hace cara?

TRIFÓN.—Si me hace cara, con echarle la llave de que soy inventor, y que consiste en hacer dar a la cabeza una vuelta completa sobre su eje... estamos del otro lao.

ALCÁZAR.—Del otro lao la cabeza. Bueno, no te muevas de aquí, que voy por Aguado. *(Hace mutis por la izquierda. Trifón se sienta en una de las butaquitas del centro. Por la derecha sale* DON CUSTODIO *hablando con* ANGUSTIAS.)

DON CUSTODIO.—¿De modo que dices que se ha marchado esta mañana?

ANGUSTIAS.—Sí, señor, en el tren de las ocho.

DON CUSTODIO.—¿Y no te han dicho nada de mí?

ANGUSTIAS.—Nada.

DON CUSTODIO.—Otros que se van sin pagarme. Quince días visitándolos y ni las gracias.

ANGUSTIAS.—Eso le pasa a usted por confiado.

DON CUSTODIO.—Por confiado, no, por bueno.

TRIFÓN.—*(Que lo ha oído. Levantándose.)* ¡Hola!

DON CUSTODIO.—Y por eso no cobro, porque soy Bueno.

TRIFÓN.—¿Que no cobra? Ahora va a ver. *(Se dirige a él, le coloca la cabeza a su placer con gran amabilidad, en medio de la extrañeza de don Custodio, y cuando ya lo tiene bien se lía a darle bofetadas.)*

DON CUSTODIO.—¡Socorro! *(Corriendo.)*

ANGUSTIAS.—¡Favor!

(Trifón le sigue dándole patadas.)

DON CUSTODIO.—¡Que me matan!

ANGUSTIAS.—¡Auxilio!

(Salen a las voces, atropelladamente, NATALIA, JEREMÍAS, AGUADO, DON BUENO, ALCÁZAR e ILUMINADA.)

NATALIA.—¿Qué ocurre?

JEREMÍAS.—¿Qué pasa?

TRIFÓN.—*(A Alcázar.)* Ya está usted vengado.

DON CUSTODIO.—Se ha hinchado de darme bofetadas.

DON BUENO.—¿Pero quién es este hombre?

TRIFÓN.—Soy Alcázar.

AGUADO.—¡Pero si Alcázar es éste!

NATALIA.—Entonces, éste ¿qué Alcázar es?

JEREMÍAS.—Ya lo ha dicho el médico: el de las tortas.

(Telón.)

FIN DEL ACTO SEGUNDO

ACTO TERCERO

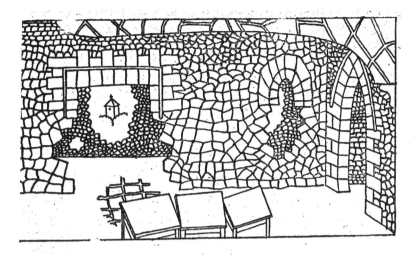

ACTO TERCERO

ecoración.—Salón de entrada de una cosa que fué castillo gótico dos silos antes; no hay que decir cómo estará. Al fondo, un poco a la derecha, uerta de entrada que da a un corredor en cuyo final se ven restos del uente levadizo. En primer término del lateral izquierda, puerta que no iene más remedio que ser practicable, porque no tiene hojas. Segundo término, y formando chaflán con el foro, ventana ojival, también sin hojas ni defensa alguna. Lateral derecha, otra puerta más grande y más derruída. El techo, todo lleno de grietas y de enormes goteras y desconchados.

Foro de campo. No hay ni un mueble, ni nada que se le parezca.

Al levantarse el telón, en el centro de la escena hay una mesa formada con una tabla larga que descansará en sus extremos sobre dos pies de madera de los llamados "burros". Esta mesa está cubierta por manteles, y sobre ella platos, tenedores, cuchillos, tazas de café, emparedados; mediasnoches, fiambres, copas y botellas. Alrededor de la mesa aparecen los siguientes personajes y en la forma siguiente: NATALIA, en el centro, frente al público, y a su lado TOLOMEO. NATALIA tiene un paraguas abierto, que se verá está mojado. A la derecha de NATALIA, ILUMINADA; a continuación TRIFÓN, con otro paraguas abierto. A su lado, ALCÁZAR, que ya casi ocupa la esquina derecha. Por la izquierda estará DON BUENO, con otro paraguas. A continuación AGUADO, que vestirá un traje de hilo blanco y sombrero de paja, y en vez de paraguas se cubrirá el sombrero con un pañuelo, y, por último, JEREMÍAS, que, como ALCÁZAR, ocupará el otro extremo. Las sillas que ocupan son de junco, de las que se han usado en el hotel en los actos anteriores. En un extremo de la escena, un canasto de mimbre, redondo y grande. Cerca de él estará ANGUSTIAS, que es la que sirve. DON BUENO, de pie y con una copa en la mano, está pronunciando un discurso.

DON BUENO.—Y termino brindando, porque el año que viene nos volvamos a reunir en este castillo, que para entonces, y gracias a doña Natalia, será una joya arquitectónica, honra de España y orgullo de Majareta. He dicho.

47

13

TODOS.—Muy bien.

JEREMÍAS.—Sobre todo, que arregle pronto el techo, porque esto no son goteras, son grifos.

ALCÁZAR.—(A Trifón.) ¿Pero qué haces con el paraguas?

TRIFÓN.—(Aparte, a él.) ¡Calle usted, tío!... Que lo estoy poniendo de forma que no vean que se está usted guardando las medias noches.

ILUMINADA.—Ahora debía hablar don Jeremías.

NATALIA.—¡Claro que sí!

AGUADO.—Sí, que hable.

JEREMÍAS.—Puesto que ustedes se empeñan, me levanto para hacer un cumplido elogio de este magnífico *lunch*, ideado y servido por el señor Bueno. ¡Pero qué idea ha tenido! Esto de ponernos en un castillo feudal emparedados, es genial. Y este café, con goteras, digo, con gotas, que nos estamos bebiendo, más genial aún. Brindo, pues, por el señor Bueno y por nuestra opulenta amiga doña Natalia, que con tanto entusiasmo ha adquirido este cobertizo que, según he leído, fué cuna del Conde Mardonio Caldeiro, y antes, cuna también, de su padre Wamba Caldeiro, y muchísimo antes cuna de su abuelo Ataulfo Caldeiro, y cuna igualmente...

NATALIA.—Don Jeremías, que se duerme usted en la cuna.

JEREMÍAS.—Entonces dejaré de citar a los demás antepasados, porque me faltan cuarenta y ocho.

TRIFÓN.—¡Cuarenta y ocho cunas!

NATALIA.—Más vale que brinde usted por la Inclusa y así acaba antes.

JEREMÍAS.—Y conste que lo único desagradable ha sido el tiempo, que no ha querido ayudarnos; y el techo, que no ha querido cubrirnos. He dicho...

TODOS.—Muy bien.

JEREMÍAS.—He dicho que nos mojábamos y nos hemos mojado.

AGUADO.—Y que a mí me ha cogido con la ropa de cristianar, como quien dice.

DON BUENO.—Bueno; pero, doña Natalia, ¿no nos va a dejar de oír el encanto de su voz?

ILUMINADA.—A ella le corresponde cerrar los brindis.

NATALIA.—(Resistiéndose.) Pero si es que yo...

TRIFÓN.—Aunque no sean más que dos palabras...

NATALIA.—Siendo así... (Se levanta, con el paraguas abierto.) Hágame el favor de oírme dos palabras, sólo dos palabras. (Acciona con el paraguas y le da a Tolomeo.)

TOLOMEO.—Va usted a saltarme un ojo con la punta del paraguas.

ALCÁZAR.—¡Pero si ya apenas llueve!

NATALIA.—Pues voy a cerrar los brindis, puesto que ustedes

48

lo piden, y voy a cerrar el paraguas, puesto que éste lo quiere. *(por Tolomeo.)*

JEREMÍAS.—Muy bien.

NATALIA.—Y brindo por todos ustedes, a los que, para pagar tanto afecto, no se me ocurre más que una palabra: gracias. Gracias, a doña Iluminada; gracias, al señor Bueno; gracias, a Aguado; gracias, a Alcázar; gracias, a Trifón, y gracias, a don Jeremías... Y gracias a Dios que he acabao.

JEREMÍAS.—Sí, porque si llega a ser un banquete de cien cubiertos, acaba usted para cuando esté reedificado el castillo.

NATALIA.—Por cierto, que lo voy a sentir muchísimo, porque le voy a quitar todo su encanto. A mí estos muros llenos de grietas y estos techos llenos de goteras, y esa ventana llena de telarañas, es que me ilusiona. Tienen cierta poesía...

TRIFÓN.—Yo, aunque no lo parezca, soy un romántico, y me llevaría aquí las noches enteras.

JEREMÍAS.—*(Aparte.)* Lo contrario de su tío, que se lleva las medias noches.

TOLOMEO.—*(Llevándose las manos a la cabeza.)* ¡Ay, madrina!

NATALIA.—¿Qué te pasa?

TOLOMEO.—Que no sé si lo que me ha caído ha sido una gota o una piedra.

NATALIA.—¿Una piedra?

JEREMÍAS.—Como que este *lunch* lo han debido servir con botiquín.

ILUMINADA.—Debe ser una gota, porque, aunque poco, sigue lloviendo.

NATALIA.—Lo raro es que no nos lo haya advertido Aguado.

AGUADO.—Tiene usted razón. Es la primera vez que me coge de sorpresa a mí un cambio de tiempo.

ILUMINADA.—Debíamos irnos a otra habitación más resguardada.

DON BUENO.—Esa de ahí *(Por la izquierda.)* parece que se conserva mejor: debió ser alcoba de los condes.

JEREMÍAS.—Ah, pues vamos a la alcoba.

NATALIA.—Llévense ustedes, cada uno, su silla, porque hasta que mande amueblarlo, aquí, como han visto ustedes, no hay más que las paredes.

JEREMÍAS.—Y por poco tiempo.

TRIFÓN.—Pues vamos allá.

(Coge cada uno su silla y se dispone para ir hacia la izquierda.)

AGUADO.—*(Al público.)* Yo voy a llegarme a la fonda a ponerme en condiciones de luchar con el agua. Sí, porque esto parece que es temporal. *(se va por el foro.)*

DON BUENO.—*(A Angustias, que, desde un principio, ha*

49

13

estado sirviendo el «lucho.) Y tú ve retirando el servicio y metiéndolo en la canasta para llevarlo a casa.

ANGUSTIAS.—Está bien. *(Empieza a quitar la mesa. Los demás, con las sillas en la mano se dirigen a la puerta de la izquierda; pero al pasar por la ventana cada uno estornuda.)*

JEREMÍAS.—*(A Natalia.)* Vaya ventanita, ¿eh?

NATALIA.—¡Es una preciosidad!

JEREMÍAS.—¡Es una pulmonía!

(Entran. A los pocos momentos vuelve a salir, sigilosamente, DON BUENO.)

DON BUENO.—*(A media voz.)* ¡Angustias, Angustias!

ANGUSTIAS.—*(Temerosa.)* ¡Por Dios, a ver si te oyen o te ven!

DON BUENO.—No te preocupes, pichona...

ANGUSTIAS.—Piensa que no estamos solos como otras veces.

DON BUENO.—Es verdad. Nos ha matao doña Natalia comprando el nido de nuestros amores.

ANGUSTIAS.—Y que lo digas. Aquí comenzó nuestro idilio.

DON BUENO.—Y que todo él está lleno de recuerdos.

ANGUSTIAS.—Todo.

DON BUENO.—Desde el foso hasta la torre, no hay lugar que no nos evoque algo agradable. ¿Te acuerdas? Aquí te di el primer beso; en la sala de armas, te di el primer pellizco.

ANGUSTIAS.—El segundo: el primero me lo diste en el subterráneo.

DON BUENO.—Yo creí que con la historia del alma en pena que inventé desistiría doña Natalia de la compra; pero sí, sí: es una mujer de tal temple que las almas en pena vienen a ser para ella una cosa así como Pompof y Thedy: le hacen reír la mar.

ANGUSTIAS.—¡Nos han matao! Porque ahora, ¿dónde nos vamos a ver sin que nos vean?

DON BUENO.—Pues nos vamos a ver... en un compromiso. ¡Si hubiese algún sitio oculto en las afueras!...

ANGUSTIAS.—A mí se me ocurre en el robledal, junto a la cañada.

DON BUENO.—En la cañada siempre hay pastores.

ANGUSTIAS.—Pues en el nacimiento del río.

DON BUENO.—En el nacimiento hay más pastores todavía.

ANGUSTIAS.—¡Qué rabia!

DON BUENO.—Figúrate: ahora que estábamos como quien dice en... ¡Chatilla mía!

ANGUSTIAS.—Estate quieto que pueden salir...

DON BUENO.—No temas; están muy entretenidos oyendo contar a don Jeremías la caza del maquinorcio...

ANGUSTIAS.—¿Y eso qué es?

DON BUENO.—El dice que es un mamífero; pero yo creo que es un camelo.

ANGUSTIAS.—Bueno, pues déjame que concluya de guardar esto.

DON BUENO.—Espérate un momento, mujer, que quiero que tú también disfrutes del festín. ¿Quieres mermelada? ¿Fuarás... o mejor este muslito de pollo?...

ANGUSTIAS.—No, déjalo; a mí los muslos no me llaman la atención.

DON BUENO.—Lo contrario que a mí: es lo único que como del pollo. Oye, ¿te doy un bocadillo?

ANGUSTIAS.—Vamos, ten seriedad.

DON BUENO.—(*Que tiene un brazo echado sobre la mesa y otro rodeado a la cintura de Angustias.*) No puedo, angel mío, porque hay que ver lo llenita que te estás poniendo.

ANGUSTIAS.—Estoy como siempre.

DON BUENO.—No lo creas, te estás llenando cada vez más.

ANGUSTIAS.—El que se está llenando eres tú, que has metido la manga en la mermelada.

DON BUENO.—Es que cuando hablo contigo, me entra una dulzura...

ANGUSTIAS.—Calla, que salen. (*Recoge todo lo que queda y lo mete en el canasto. Por la puerta de la izquierda vuelven a salir todos con las sillas y algunos paraguas abiertos.*)

NATALIA.—Bueno, ahora resulta que en la alcoba llueve más que aquí.

ILUMINADA.—¡Y si fuese solamente el agua! Pero por los agujeros, no hacían más que entrar vencejos, golondrinas y hasta juraría que aves de rapiña.

ALCÁZAR.—¿Se fijaron ustedes en aquel pavo que cruzó por el ventanal?

JEREMÍAS.—¡Qué pavo, si era una cigüeña, amigo Alcázar!

ILUMINADA.—¿Les parece a ustedes que nos vayamos a aquella habitación...? (*Por la de la derecha.*) Esa sala de estrado indudablemente se conservará mejor.

NATALIA.—Sí, vamos donde sea, y usted, amigo Trifón, procure no apoyarse en la pared, porque ya ha visto usted que se caen los adoquines.

TRIFÓN.—Que no me dieran más trabajo que tirar lo poco que queda de esta fortaleza... De dos puñetazos y tres patadas.

ILUMINADA.—Pues que no le dé por lo menos hasta que nos vayamos nosotros.

NATALIA.—Bueno, pues a la sala de estrado. (*Cruzan todos con las sillas y al pasar por la puerta del foro estornudan.*)

JEREMÍAS.—También la puertecita esta se las trae.

NATALIA.—Es que como mira al Norte...

JEREMÍAS.—No lo crea usted: donde mira es al Este. ¡La

51

13

de pastillas de goma que debió gastar Don Mardonio!... *(V(*
entrando por la derecha.)

ILUMINADA.—*(Que ha quedado la última, dice.)* ¿Recogi
te todo?

ANGUSTIAS.—Sí, señora, ya está en el canasto.

ILUMINADA.—Pues hala a la fonda. Ah, y que no se olv
de el caldero de cobre donde vinieron los cubiertos y la po
celana, que lo dejaste ahí en un tramo de la escalera y al m(
nor tropiezo...

ANGUSTIAS.—Descuide usted.

ILUMINADA.—¿Y tú no entras?

DON BUENO.—No, yo voy un momento al balneario, qu
me está esperando Meléndez; pero- en seguida estoy aquí.

ILUMINADA.—Ven pronto que va a empezar a oscurece
y no quiero que me coja aquí la noche.

DON BUENO.—Despacho en seguida. *(Iluminada hace mu
tis por la derecha. Bueno, desde el foro, le dice a Angustias.*
Aquí en la escalera te espero. *(Mutis.)*

ANGUSTIAS.—Voy. *(Coge el cesto, se lo pone en la cadera*
hace mutis por el foro. Por la derecha salen NATALIA *y* TOLOMEO*.*

TOLOMEO.—*(Como si continuase la conversación.)* ¿Y s
se dan cuenta de que salimos?

NATALIA.—No se la dan: están como tontos oyéndole con
tar a mi cuñao, la manera de cazar canguros con acordeón

TOLOMEO.—Bueno, es que ese hombre tiene una fantasí!
que ni Conan Doyle.

NATALIA.—Eso es precisamente lo que me indigna: qu
sea más embustero que yo... A eso no hay derecho, y yo l(
hago cantar la gallina o poco puedo.

TOLOMEO.—Pues yo creo que no la canta. Para mí, qu(
éste no confiesa que es cuñao de usted, ni que lo de Melénde:
es cosa suya.

NATALIA.—¡Vaya si lo confiesa!... En cuanto vea el pas(
que le doy al dinero... por muy bromista que sea, saltará; es(
si no salta ahora con lo del alma en pena.

TOLOMEO.—Ah ¿pero usted cree?...

NATALIA.—Pues claro que es otra broma de él... Dentr(
de poco se nos presentará un fraile, que seguramente ser;
Meléndez... pero déjalo que va aviado.

TOLOMEO.—¿Qué va usted a hacer?

NATALIA.—Ahora te vas a enterar. ¿Le dijiste al Trifó:
ese que hiciese el favor de salir, pretextando cualquier motivo

TOLOMEO.—Sí que se lo he dicho. Por cierto, que con l(
que ha comido ese bárbaro, me extraña que no haya cogid(
un asiento.

NATALIA.—El asiento lo hemos cogido todos y lo hemo:
paseado...

TOLOMEO.—(*Viendo a* TRIFÓN *que sale por la derecha.*) ¿quí lo tiene usted ya.

TRIFÓN.—¿Me llamaba usted?

NATALIA.—Sí, amigo Trifón: me he atrevido a molestarle...

TRIFÓN.—Para mí no es molestia, cuando se trata de una señora...

NATALIA.—Muchas gracias.

TRIFÓN.—De una señora que tiene el dinero que usted tiene.

TOLOMEO.—(*Aparte.*) ¡Estás aviado!

TRIFÓN.—De manera que usted dirá lo que desea y si está al alcance de mis fuerzas...

NATALIA.—Precisamente se trata de eso, de sus fuerzas.

TRIFÓN.—Comprendo. Usted quiere que le evite los gastos del derribo... y que de dos patadas... Pues ahora mismo. (*Se dirige a un lateral.*)

NATALIA.—(*Conteniéndole.*) No, no es eso. Lo que quiero es castigar a un bromista. ¿Usted se ha enterado de la historia esa del alma en pena?

TRIFÓN.—Ah, sí: ¿esa del fraile que se aparece al oscurecer?

NATALIA.—Esa, que, como usted comprenderá, es una broma que tratan de darme y que yo, si usted me ayuda, les voy a devolver.

TRIFÓN.—Ya me voy dando cuenta. ¿Usted quiere que yo me las entienda con el alma?

NATALIA.—Que le rompa el alma, nada más.

TOLOMEO.—(*Asustado.*) ¡Madrina, por Dios!

NATALIA.—Cállate. (*A Trifón.*) Claro está que esto que le pido merece un pago y yo estoy dispuesta a pagarle a usted lo que sea... Usted me dice lo que son sus honorarios...

TRIFÓN.—Eso es según el trabajo que desee. Puedo desencajarle la mandíbula... descoyuntarle un brazo... quitarle el conocimiento... Esto último es más económico.

NATALIA.—No, yo lo que deseo es una paliza; pero buena.

TRIFÓN.—También. Ahora me dice la señora el número de cardenales que desea y luego se hace el recuento... Como si quiere alguna fractura... por poco más le puedo romper un brazo o una pierna... La columna vertebral, le resultaría un poco más cara.

TOLOMEO.—(*Asustado.*) No comprendo cómo habla usted con tanta tranquilidad de torturar a un semejante.

TRIFÓN.—El arte es el arte, pollo, y yo cuando doy dos puñetazos, soy lo mismo que el poeta cuando hace un soneto.

NATALIA.—Y que hay sonetos que hacen mucho más daño.

TRIFÓN.—Lo mío no es una agresión: es una obra artística.

NATALIA.—Bueno, pues por el palizón cardenalicio le doy a usted mil pesetas. Usted me dirá si le hace...

53

13

TRIFÓN.—Lo hago... lo hago cisco y le aseguro que que dará complacida, y eso que a mí sin público no me gusta tra bajar, me falta el estímulo del aplauso.

NATALIA.—Pues entonces, como el momento se aproxima usted se interna por ahí, que ya aparecerá el fraile.

TRIFÓN.—Y ya oirán ustedes los ayes.

NATALIA.—Nosotros nos vamos dentro, para no infundi sospechas y hasta después y buena mano. Vamos, Tolomec *(Hacen mutis por la derecha.)*

TRIFÓN.—*(Al público.)* ¡Qué raro! El mismo encargo d esta señora, me lo ha hecho esta misma mañana don Jeremía y hasta la misma cantidad: mil pesetas. Ahora, que mil d uno y mil de otro, son dos mil. ¡Dos mil pesetas por pegarl a un fraile! ¡Qué lástima que no sea más que uno! Porque est negocio se me presenta en el Monasterio de El Escorial y m hago rico. *(Hace mutis por la izquierda. Por el foro sale* DOLO RES *que avanza con miedo, mirando asustada por la escena. L luz ha empezado a declinar.)*

DOLORES.—Tampoco están aquí... ¿Dónde se habrán me tido?... A mí... la verdad... este castillo no me gusta... Po eso, todas las veces que me ha citado aquí el señor Bueno, nc he querido venir... ¡Me da mucho miedo, la verdad!... Ahora al entrar, me ha parecido ver en la escalera que baja al sub terráneo, una cosa así como dos sombras... Y hasta me he parecido que una de ellas, decía: «Ten cuidao con el caldero que no se vaya a caer...» Bueno, ¿dónde estará don Jeremías? Porque el señor Meléndez me ha traído pa que le diga que haga el favor de salir ahí a la puerta, que le está esperando y me ha encargado que le llame sin que nadie se dé cuenta. *(Mira por la puerta de la derecha.)* Allí lo veo. *(Dando grandes voces.)* ¡Don Jeremías!... ¡Don Jeremías!... Yo creo que no se habrán dao cuenta. *(Por la derecha sale* JEREMÍAS.*)*

JEREMÍAS.—¿Qué pasa que das esas voces?

DOLORES.—Ah; ¿pero se han dao cuenta de que le he lla mao a usted los que están ahí?

JEREMÍAS.—Los que están ahí y los que están en el pueblo de al lao.

DOLORES.—Pues lo siento, porque el señor Meléndez me había encargao...

JEREMÍAS.—¿Pero dónde está Meléndez?

DOLORES.—En la puerta. Me ha dicho que él no entra ya sabe usted por qué.

JEREMÍAS.—Pues dile que entre y ten...

DOLORES.—*(Alargando la mano en la creencia de que la va a dar propina.)* Muchas gracias.

JEREMÍAS.—Ten cuidado de no armar ruido que no me conviene.

DOLORES.—*(Desde el foro y a gritos.)* ¡Señor Meléndez!..

JEREMÍAS.—Mujer, que ya no está en La Habana.

DOLORES.—Aquí lo tiene usted. *(Hace mutis por el foro al mismo tiempo que sale MELÉNDEZ por el mismo lado.)*

JEREMÍAS.—*(Con interés.)* Qué, ¿recogiste el cheque y los billetes?

MELÉNDEZ.—Aquí está todo. Al principio dudó el señor Bueno de entregármelos; pero le dije que era de parte de mi ama y que tenía orden de traérselo aquí al castillo.

JEREMÍAS.—Muy bien, pues ahora te desvaneces y antes manda esta carta al balneario, para que se la entreguen al señor Bueno. *(Le da una carta cerrada.)*

MELÉNDEZ.—¿Y tú crees que con esto bastará?

JEREMÍAS.—Con esto canta la gallina, no te quepa duda. Cuando se encuentre sin dinero, sin administrador...

MELÉNDEZ.—A lo mejor se le ocurre otra mentira.

JEREMÍAS.—Eso es lo que me indigna: que sea más embustera que yo. Y ahora por lo visto, me quiere vencer también en lo de las bromas y en lo de los camelos.

MELÉNDEZ.—Ah, ¿también?

JEREMÍAS.—Ahí dentro está contando que su marido era un cazador de fieras formidable, y que un día salió con tres criados a cazar un león que tenía asolado al pueblo y que a los dos días volvieron los criados con el león en una jaula.

MELÉNDEZ.—¿Y su marido?

JEREMÍAS.—Su marido venía dentro del león.

MELÉNDEZ.—¿Se lo había comido? ¡Qué barbaridad!

JEREMÍAS.—Figúrate, mi hermano que era la seriedad en persona, todo lo contrario que yo... Y sé por las cartas que me escribía que lo tenía frito. Otra vez le dió por decir que estaba casada con un Marajá, y si no se pone serio le obliga a pintarse de encarnao y a ponerse pendientes... ¡La tengo una rabia!...

MELÉNDEZ.—A mí me parece que lo que le tienes es otra cosa.

JEREMÍAS.—Te diré: mi cuñada como viuda es bastante aceptable, graciosa, desenvuelta... Ahora, eso de que mienta tanto... porque tú figúrate los dos juntos y los dos metiendo líos.

MELÉNDEZ.—No se podría parar en vuestra casa.

JEREMÍAS.—Bueno, evádete antes de que salgan y haz lo que te he dicho, que estoy seguro que se entrega.

MELÉNDEZ.—¡Mira que si supiera que eres su cuñao!...

JEREMÍAS.—¿De dónde se lo va a figurar? Ella ni sabe que he hecho la fortuna que he hecho, ni siquiera que vivo; al contrario, cree que hace mucho tiempo hinqué el pico. Te digo que esta vez le quito la manía de mentir. ¡Con lo feo que está eso!...

55

SOCIEDAD DE AUTORES ESPAÑOLES

Núñez de Balboa, 12

1909

13

MELÉNDEZ.—¡Y que cuando tú lo dices... Bueno, voy a mandar la misiva.

JEREMÍAS.—Anda con Dios. *(Meléndez hace mutis por el foro.)* El púgil debe estar al acecho del alma en pena. ¿A quién habrá buscao para que haga de conde Mardonio? Yo creí que iba a ser Tolomeo; pero no debe ser, porque está ahí con ella. Y me alegro que no sea él porque con lo escuchimizao que está, que no tiene más que huesos y cuando anda parece que va sonando un xilofón... si le da un puñetazo el tal Trifón, lo tiene que identificar el doctor Maestre. *(Por la derecha sale* NATALIA.)

NATALIA.—¿Pero cómo es eso que nos abandona usted, amigo Jeremías?

JEREMÍAS.—Pues que como se está poniendo el sol, me he salido a ver si tropezaba con el alma en pena para saludarle.

NATALIA.—*(Aparte.)* ¡Qué embustero! *(Alto.)* Pues mire usted lo que son las cosas: a lo mismo he salido yo.

JEREMÍAS.—*(Aparte.)* ¡Qué embustera! *(Alto.)* Bueno, pues la saludaremos los dos.

NATALIA.—Muy bien, usted como forastero y yo como viuda y dueña de la casa.

JEREMÍAS.—A propósito. ¿No ha pensado usted nunca en volver a casarse?... porque yo supongo que con el dineral que usted tiene, algún hombre se le habrá acercado.

NATALIA.—¿Alguno?... Algunos y no cualquiera, no. Banqueros, millonarios, generales y otra cosa que me callo porque no crea usted que miento...

JEREMÍAS.—¡Cómo voy yo a creer semejante cosa! *(Aparte.)* Esta me suelta lo del Marajá.

NATALIA.—*(Aparte.)* Yo le suelto lo del Marajá. *(Alto.)* Pues sí, amigo Jeremías, lo que usted oye. Un multimillonario norteamericano, loco por mí... Y que es nada menos que el rey del chocolate... Con seguridad que no hay otro que tenga más libras.

JEREMÍAS.—Ni más onzas.

NATALIA.—Y en Méjico, el rey del petróleo... y en Escocia el rey del bacalao...

JEREMÍAS.—Caray, tres reyes...

NATALIA.—Sí, señor: tres reyes, ¿qué le parece?

JEREMÍAS.—Que le falta a usted uno para el tute.

NATALIA.—Pues como si lo tuviera, porque un Marajá de la India está loco por mí... *(Aparte.)* Ya se la solté.

JEREMÍAS.—*(Aparte.)* Ya me la soltó. *(Alto.)* Pues a mí me ocurre una cosa muy parecida a la de usted: que no me he casado ya por no hacer de menos a ninguna.

NATALIA.—*(Aparte.)* Vaya, este ya va a achicarme.

JEREMÍAS.—Ahora que mis proporciones no pican tan

alto como las de usted. Una está condenada a vivir de su trabajo porque es pobre; otra está condenada a pedir en las Ca-
latravas, porque no tiene qué comer, y otra está condenada
a pena de muerte por la Audiencia de Valladolid.

NATALIA.—(Aparte.) ¡Qué tío más lioso! (Alto.) ¿Y por
qué está condenada?

JEREMÍAS.—¡Por liosa!

(En este momento se oye el ruido que produce un caldero,
como si rodara por la escalera.)

NATALIA.—¿Ha oído usted?

JEREMÍAS.—Sí que es un ruido sospechoso.

NATALIA.—¿Será la Condesa Monegunda, o será Mardonio
Caldeiro?

JEREMÍAS.—A mí me ha sonado más a Caldeiro. (Por la
derecha salen ILUMINADA, TOLOMEO y ALCÁZAR, dando mues-
tras de pavor.)

ILUMINADA.—¿Han oído un ruido extraño?

NATALIA.—Ah; ¿pero tienen ustedes miedo?

ALCÁZAR.—Yo, la verdad, sin estar mi sobrino, si lo tengo.

ILUMINADA.—Y yo sin estar mi hermano, también.

TOLOMEO.—Yo creo que por si acaso más vale que nos
fuéramos.

ILUMINADA.—Sí, sí, vámonos...

NATALIA.—Como ustedes quieran... (Se dirigen todos al
foro, y al llegar a la puerta, todos lanzan un grito y corren a es-
conderse en la derecha. Todos hacen mutis. Cuando la escena
queda sola, y después de una pausa, aparece AGUADO por el foro,
que lleva un magnífico impermeable negro que le llega hasta los
pies y provisto de una gran capucha que lleva echada; pero de-
jándose ver la cara.)

AGUADO.—(Saliendo.) Ahora ya puede caer el diluvio,
que por mi parte... Hacía tiempo que no me ponía yo este impermeable que se lo compré a un buzo en Santander... Lo que
me parece es que se me han quedao las mangas cortas... Por
lo menos esta de la derecha... (Se escorza un poco hacia la derecha y extiende el brazo derecho en posición horizontal como
para convencerse de lo que dice. Estando en esta actitud salen
sigilosamente NATALIA, ILUMINADA, JEREMÍAS, TOLOMEO y
ALCÁZAR.)

NATALIA.—¿Pero está usted segura, Iluminada?

ILUMINADA.—Segurísima. Le he visto como la veo a usted.

TOLOMEO.—(Ahogando un grito.) Ah, fíjense. (Señalando
a Aguado.) ¡Un fraile!

JEREMÍAS.—Y anuncia buen tiempo.

ALCÁZAR.—(Temblando.) Es don Mardonio...

ILUMINADA.—(Idem.) ¡Es don Opas!

AGUADO.—(Volviéndose.) Hola, señores.

57

SOCIEDAD DE AUTORES ESPAÑOLES

Núñez de Balboa, 12

1909

13

NATALIA.—¡Es Aguado!

AGUADO.—Me habrán echado de menos; pero he ido a pre venirme... Qué ¿no piensan ustedes regresar al balneario?

ILUMINADA.—Ahora mismo nos íbamos.

NATALIA.—Pero, conste que es porque quieren, porque están ustedes en su casa.

JEREMÍAS.—A mí me daría vergüenza ofrecer esto. *(Por el foro, nervioso y malhumorado, entra* DON BUENO.)

DON BUENO.—¡Iluminada! ¡Iluminada!...

ILUMINADA.—¿Qué te ocurre?

DON BUENO.—Una cosa insólita, inesperada.

JEREMÍAS.—¿Algún bañista que le han sentao bien las aguas?

DON BUENO.—¡Meléndez que ha desaparecido!

NATALIA.—¿Que ha desaparecido mi administrador?

TOLOMEO.—*(Aparte a ella.)* ¡La caraba, madrina!

DON BUENO.—Ha desaparecido con el cheque y las vein tisiete mil pesetas que me pidió de parte de usted para traér selas aquí.

NATALIA.—Pues no se preocupe que él parecerá.

DON BUENO.—No parece, porque fíjese usted qué cart me ha mandado. *(Le da una carta.)*

NATALIA.—*(Leyendo.)* «Apreciable majareteño: Vea us ted la manera de cobrarle a doña Natalia, porque lo que es de este dinero le va a ser muy difícil. Me vuelvo a La Ha bana y de La Habana le enviaré a la viudita un barco carga do de embustes, porque supongo que se le habrán acabado y todos los que tenía. Le besa a usted las manos y a su herman los escarpines: Pancho Meléndez.»

ALCÁZAR.—¡Qué horror!

AGUADO.—¿Pero cómo es posible...?

JEREMÍAS.—*(Aparte.)* Ahora canta la gallina.

ILUMINADA.—*(Indignada.)* ¿De modo que todo ha sid una burla?

JEREMÍAS.—Ya se lo decía yo a ustedes.

DON BUENO.—¿De modo que usted no tiene donde caer se muerta?

NATALIA.—*(Con una gran tranquilidad.)* No se apure ustedes que si yo no tengo dinero, tengo quien responda por mí

ILUMINADA.—¿Quién?

NATALIA.—Mi cuñado.

JEREMÍAS.—¿Y quién es su cuñado?

NATALIA.—Usted mismo. *(A los demás, y presentándolo.* Don Patricio Monreal y Pancorbo, hermano de mi difunto esposo

JEREMÍAS.—*(Admirado.)* ¡Resepelio!

DON BUENO.—¿Pero usted no se llama Jeremías?

NATALIA.—Se llama como yo he dicho y se ha ocultad con ese nombre para darme esta broma, porque ya habrá notado ustedes que como bromista y como embustero es un rato largo.

AGUADO.—No, pues usted también.

NATALIA.—Se conoce que es de familia...

JEREMÍAS.—Bueno; ¿pero quién te ha dicho que yo...?

NATALIA.—Una americana.

JEREMÍAS.—*(Indignado.)* ¡Más embustes, no!

NATALIA.—Una americana tuya que le pusieron a éste *(Por Tolomeo.)* cuando le sacaron del estanque.

JEREMÍAS.—Ahora caigo.

TOLOMEO.—Usted cae ahora; pero yo caí antes.

JEREMÍAS.—Bueno, puesto que lo has descubierto no tengo inconveniente en normalizar tu vida si me juras que desde este momento no volverás a mentir más.

NATALIA.—Y tú en coche.

JEREMÍAS.—Yo te juro que tampoco mentiré.

NATALIA.—Siendo así, hoy mismo nos vamos a Madrid.

JEREMÍAS.—A Madrid.

NATALIA.—Y como supongo que no tendrás casa, te puedes venir a la mía, Paseo de la Castellana, cincuenta y cinco: el mejor hotel que hay.

TOLOMEO.—¡Madrina, por Dios, que ha jurado usted no mentir!

JEREMÍAS.—¡Es incorregible! Pues no, señor, no me voy a tu hotel, porque tengo yo el mío que es mucho mejor.

NATALIA.—¿En dónde?

JEREMÍAS.—Enfrente del tuyo.

TOLOMEO.—¡Son dos campeones! *(Por la puerta de la izquierda sale* TRIFÓN.)

TRIFÓN.—Bueno; ¿pero el fraile ese viene o no viene?

NATALIA.—Puede que como está el tiempo así no se atreva a salir.

JEREMÍAS.—Ya le dejaremos recado si viene que le esperamos en el balneario.

DON BUENO.—¿De modo que la cuenta...?

JEREMÍAS.—Me la pasa a mí.

TRIFÓN.—¿Y lo mío?

NATALIA.—Se lo pasa usted al fraile.

ILUMINADA.—Pues a la fonda.

JEREMÍAS.—Y de la fonda a la Corte. *(A Natalia y en son de burla.)* Si te parece, nos podemos ir en tu magnífico automóvil sin válvulas.

NATALIA.—*(En el mismo tono.)* O en la patinette que tienes para ir de la alcoba al comedor.

JEREMÍAS.—*(Cogiéndole una mano y en tono meloso.)* De la alcoba al comedor y... viceversa.

T E L Ó N

SOCIEDAD DE AUTORES ESPAÑOLES

Núñez de Balboa, 12

———

1909

13

LA FARSA

PUBLICACIÓN SEMANAL DE OBRAS DE TEATRO

DIRECTOR: VALENTIN DE PEDRO

Adminstración: RIVADENEYRA (S. A.)—Sección de publicaciones.

PASEO DE SAN VICENTE, 20.—MADRID

PRECIO DEL EJEMPLAR: 50 CENTIMOS

NUMEROS PUBLICADOS:

SOCIEDAD DE AUTORES ESPAÑOLES

Núñez de Balboa, 12

1909

13

Si quiere usted tener la
colección más completa
de las obras que se
estrenen en Madrid,
compre todos los sábados

La Farsa

que publicará las obras de
los autores más prestigiosos,
las que mayor expectación
hayan despertado, las de más
éxito, las más interesantes.

SOCIEDAD DE AUTORES ESPAÑOLES
Núñez de Balboa, 12
1909

13

LA FARSA

está a la venta en la

Librería y Editorial Madrid

Montera, 40, MADRID

Donde puede usted suscribir-

se, adquirir el número de la

semana y los números

atrasados que falten

para completar

su colección.

13

Cubierta de este número:

Don Francisco de Quevedo,

de D. Eulogio Florentino Sanz.

Rivadeneyra (S. A.) Artes Gráficas
Paseo de San Vicente, 20   Madrid.

Los hombres alegres

ZARZUELA EN UN ACTO, DIVIDIDO

TRES CUADROS, ORIGINAL Y EN

A

Ó

MADRID
SOCIEDAD DE AUTORES ESPAÑOLES
Núñez de Balboa, 12

—

1909

13

Lightning Source UK Ltd.
Milton Keynes UK
UKHW051048220219
337574UK00005BA/119/P

9 780428 656348